比べない子育て

田宮由美

1万年堂出版

はじめに

「勉強しなさい」

「今しようと思っていたのに、言われたからやる気なくなった〜」

「それじゃあ……」と思い、何も言わず黙って様子を見ていても、一向に勉強をする気配がない。ついに親はイライラが爆発し、大声で怒鳴ってしまう。

このような状況、小学生のお子さんがいる家庭では、一度はあるかと思います。

子どもが誕生した瞬間、小さな命に感動し、「生まれてきてくれて、ありがとう」と、感謝していた。その気持ちがいつしか

「うちの子は、運動会のかけっこで1等になった」

「あの子は、もう百まで数字が読めるのに、うちの子は十までしか読めない」

など、子どもの成長を周囲の子たちと比べ、一喜一憂することはないでしょうか。

それは試験の点数で、成績がつくようになるとさらに増し、小学校入学と同時に、

「しっかり勉強しなさい」

「もっと、がんばりなさい！」

と言うこともあると思います。

もちろん子どもの伸びる能力を信じて、高い目標を目指し、叱咤激励や教育的なメッセージを送ることは、決して悪いことではありません。

ですが次のような話を聞くこともあると思います。

「有名大学に合格した子どもの親は『勉強しなさい』と言ったことはない」は本当？

子どもの勉強や成績を、周りの子と比べて気になるのは、親とすれば当然です。実際、成績がよければ、将来の選択肢も広がります。就きたい職業も多くの中から選べるでしょう。

そのため、偏差値の高い大学に合格した子の親の体験談のようなものは、今も多くの親の関心事になっていますね。

そのような中、メディアや書籍で「東大や医学部、有名大学に合格した子どもの親は、『勉強しなさい』とは、言ったことがない」と取り上げているのを見聞きします。

確かに、人から何かを指図されたり、命令されたりすると、大人でもやる気が失せ、嫌な気持ちになることが多いと思います。

では、「勉強しなさい」と言わなければ、本当に子どもは自ら進んで勉強するのでしょうか。

親が何も言わずにいて、子どもが勉強に励んでくれれば、親としてこれほど楽で、うれしいことはないでしょう。ですが、現実は、そうではありません。

実際に子育てをされているほとんどの親御さんが感じられていると思いますが、何も言わず放っておけば、子どもはどんどん勉強から遠ざかってしまいます。

では、子どもが自ら進んで勉強をするようになるには、どうすればよいのでしょうか。

そのキーワードが「心の根っこ」です。

心の根っことは、子どもの心の成長の基盤になるもので、「私は大切な存在、ありのままの自分で愛されている、という自分のあり方を積極的に認める感覚」のことです。

心の根っこがしっかり育てば、しつけも勉強も自然と身についていきます。

比べて優位に立つことより、変化に適応する力を育てる

心の根っこを育てるときに大切なことのひとつが、比べない子育てです。

たとえば、「クラスで成績トップだった子どもが、進学校に行って、順位がグッと下がり、自信を失ってしまった、勉強が嫌いになった」という話はよく耳にします。

日本の教育は、戦後の「詰め込み教育」が長く続いたのち、「自分自身で考える力を養う」ことを目的に「ゆとり教育」が導入されました。その後、「学力低下論争」などがあり、「脱ゆとり教育」へ。

その背景には、「日本社会のグローバル化」「情報機器の急速な進化」など、目まぐるしい時代の変化があるといえるでしょう。

そのような中、物事の基準や、人の価値観や考えも、時代の変化とともに変わっていきます。人と競い合って勝つことや、周囲と比べて優位に立つことなどは、属するフィールドや競争相手が変われば、もろく崩れやすいでしょう。

今の子どもたちに求められているものは、どのような変化を迎えようと、生き抜いていける柔軟性や協調性などの「適応する力」だといえます。

未曽有の大震災や、未知のウイルスなど、過去には想像もできなかった現実と向き合い、模索しながらも生きていかなければなりません。

親は、そのような中でも、子どもが夢を持って、自分らしく生きていく力がつくよう育てたいものです。

子ども自身が「意欲や折れない心をコントロールできる力」を培っていく

では、夢を持って、自分らしく生きていくには、どのようにすればよいのでしょうか。

夢を叶えるには、志望する学校や、就きたい職業の試験をクリアする「学力（能力）」が必要なこともあるでしょう。

そのためには、どうしても一時期、競い合ったり、比べたりすることがあるかもしれません。私たちはそういうとき、数字で表れる点数や順位にばかり目を奪われがちです。

ですが、本当に大切なのは、「他者と比べること」ではなく、自分自身の中の「目標を達成しようとする意欲」や「困難に遭遇しても折れない心」を、どのようにコントロールするかです。

この意欲や折れない心を培ってこそ、夢や目標を達成する真の学力、不透明な未来を自分らしく生きていく力が育まれていくといえるでしょう。

成績や学歴は、夢を実現させる通過点

ここできちんと確認しておくべきことがあります。それは、有名大学や偏差値の高い学校に入学しても、人生に挫折を感じている人もいれば、学生時代、成績が芳しくなくても、社会に出てイキイキと活躍している人もいるということです。このことからも、成績や学歴が人生の幸福感を決めているのではないことが分かると思います。

子どもが社会に出た後も、充実した人生を歩み、幸福を感じられるかのカギは、実は子どもをありのまま受け入れることで育まれる「心の根っこ」にあるのです。

夢や目標を持ち、それを達成するための通過点のひとつが、勉強や試験です。「心の根っこ」がしっかり張りめぐらされていれば、自分の将来の夢をきちんと見据え、目指す目標に進んでいくことができるでしょう。

本書では、子どもの幸せな未来の決め手となる「心の根っこ」を育みながら、「意欲」や「折れない心」、そして「学力」も伸ばす子育て＝「心根育」をお伝えします（これは「ここねいく」と読んでくださいね。心の根っこを育む子育て法をもっと身近に、そして愛着を持って使っていただきたい、という私の想いから「ここねいく」と名づけました）。

子どもの夢を実現させる子育ての一助になりましたら幸いです。

田宮 由美

目次

2 意欲を育む

6 家庭学習

心の根っこを育てながら、自分から勉強する子になる5つのサポート法

プロローグ

あなたが誕生した瞬間、
私の目から喜びと感動の涙がこぼれた
小さなあなたは
小さな小さな手で、私の胸にしがみついていた

まだ言葉もわからないあなたに
私は、一生懸命語りかけ
名前を何度も呼んだの

初めて「ママ」と言った日

ひとりで立った瞬間
あなたの毎日の成長に
ありのままのあなたの姿に
喜びでいっぱいだった
やがて小学校へ入学し
夢に向かってどんどん歩み出していくあなた

あなたの人生を精一杯応援することに
私は幸せを感じていたわ

だけど知らず知らず、
「もっと、もっと」と望む自分がいた……

そして気がつけば、
あなたから笑顔がなくなっていた

私はとても不安になり
親としての自信も失い
そして、心がとっても重くなった
だけど

あなたが1歳なら、私も親として1歳
あなたを育てながら、私も母として
育っていく充実感と喜びに、
いつも感謝していいたい

大丈夫
あなたと一緒に親になっていくから

あなたの喜びも
悲しみも
悔しさも
すべて包み込んであなたを愛しているから

ありがとう
生まれてきてくれて
ありがとう

1

子育てで一番大切なこと

心の根っこがしっかり育てられた子は、自信もやる気も才能もひとりでに伸びていく

子どもの一生を決める心の根っことは?

少子化が進む昨今、子どもへの教育やしつけは、ますます熱が入っているように感じます。その反面、卒業後も、生活を親に依存したり、目標を見つけられず無気力になったりしている若者の話も聞きます。

そして青少年にまつわる事件やニュースが世間を賑わし、そのたびに、親の育て方を問われる場面もよく見かけます。

これら諸問題の原因は、各家庭環境や時代背景など、さまざまな問題が複雑に絡み合っていますので、簡単にいうことはできませんが、**そ**

れらは「心の根っこ」が要因のひとつとして、関係していることが多いでしょう。

では、この「心の根っこ」とは、どういうものなのでしょうか。

「根っこ」と聞くと、土の中に埋まっていて、見えませんが、その草木を支える重要なもの、というイメージが湧くと思います。「心の根っこ」も、目には見えないけれど、「生きるうえで、とても大切なもの」という感覚が持てると思います。

目には見えない地中の根っこが、やがて自分らしい大きな花を咲かせる

私の愛読書の一冊に、サン゠テグジュペリの『星の王子さま』という本があります。学生の頃、タイトルだけを見たときは、なんだかファンタジーのような、メルヘンのような童話を想像していたのですが、実際読んでみると、哲学書のような内容に感動したのを覚えています。

その中に、「かんじんなことは、目には見えない」*という言葉が出てきます。

＊『星の王子さま』(サン＝テグジュペリ作、内藤濯訳、岩波書店)

●「心の根っこ」が育っているときと、育っていないときの違いは？

草木の根っこは地中に張りめぐらされています。目には見えませんが、大地にしっかり根を張っている草木は、やがて大きな花を咲かせます。

そして少々の雨や風でも、倒れることなく、たくさんの実りがあることでしょう。

子どもの成長もこれによく似ていて、心の根っこがしっかり育まれていれば、困難に遭遇したときも、乗り越えていく力があり、やがて自分らしい花を咲かせます。イキイキと自分の人生を歩んでいく子の親は、大地に心の根っこを張りめぐらせる子育てをしていたといえるでしょう。

そして、心の根っこがしっかりしていれば、目標を持ったときも、それに向かってがんばる力を発揮します。

子どものありのままを認めようとして、必要な関わりを見逃していませんか？

この「心の根っこ」を育むには、子どもをありのまま認めることが大切です。

何も言わなくていいの？
「ありのまま」の姿
WIN!

よいところも悪いところも、全てひっくるめて愛することです。ですが、ありのままを認めながら、勉強に取り組ませることなんて、できるのでしょうか。

親御さん方から、「子どもをありのまま認めていると、ダラダラとゲームばかりしている。それでも、何も言わずに放っておいてよいのでしょうか」という質問を受けることがあります。

そこで私は、**「子どもをありのまま認めるということと、行動を放置することとは違います」**と、お答えします。

前述の『星の王子さま』の物語の中に、一面に咲いているバラの花に、王子さまが語りかけるシーンがあります。

「ぼくのバラの花も、何でもなく、傍を通っていく人が見れば、他の花と変りない花だと思うかもしれない。だけど、あの一輪の花が、ぼくには大切なんだ。だって、ぼくが水をかけた花なんだからね。覆いやガラスもかけてあげたんだからね。ついたてで風に煽られないようにしてあげたんだからね。毛虫も取ってあげたんだからね。不平も聴いてあげたし、自慢話も聴いてあげたし、黙っているなら黙っているで、どうしたのだろうと、聞き耳を立ててあげた花なんだからね」

お世話をすればするほど、そのバラの花は、自分にとって、かけがえのない特別な存在になり、大切に感じると言っているのです。

そして丁寧に世話をされ、たくさん愛情を受けた花ほど、しっかり大地に根を張ります。


ゲームばかりしている子どもを「ありのまま認める」とは、「ゲームをしたい」という子どもの気持ちを認めることです。

「ゲームって、楽しいよね」と、一旦は子どもの気持ちを受け止めてください。

●ありのままを認めることと、心配な行動を放っておくのとは違います

子どもの気持ちを認める
ゲームって楽しいよね
うん
一緒に遊んでから次は宿題しよう
うん

子どもの行動を放置する
ありのままを認めるんだから放っておきましょ……

そしてその気持ちを「ゲームもしたいけれど、今は勉強をしなければならないとき」という気づきを与え、スイッチが切り替わる関わりをすることが「心根育」の子育て法です。その関わりが、子どもをより愛おしくし、親子の絆を強めるのです。気づきを与え、スイッチの切り替え法である意欲の高め方は、第2章で詳しくお伝えしますね。

心の根っこは十人十色。ほかの子と比べないこと

そしてもうひとつお伝えしたいことは、「心の根っこ」は、**「生き方に大きく影響を与える」**ものですが、**「人の優劣を決めるものではない」**ということです。

例えば、ヒマワリとコスモスの根っこは違います。そして咲かせる花も違えば、葉っぱや茎、開花の季節など多くのことが異なります。

ですがヒマワリとコスモスを比べ、優劣を決めることはないでしょう。ヒマワリは、真夏に黄色の大きな花を咲かせ、コスモスは秋にピンク色の可憐な花を咲

かせます。ヒマワリはヒマワリらしく、コスモスはコスモスらしく花を咲かせ、その美しさや価値に上下はありません。

子どもの成長もこれに似ていて、「その子らしい花」があります。無理に周囲と比べる必要はないでしょう。その子らしさを大切にし、気持ちに寄り添いながら、健やかな成長と自立を支援していきましょう。

では、この「気持ちに寄り添う」とは、どういうことでしょうか。

心の根っこを育むために大切な「心に寄り添う」という言葉、耳にしたことのある親御さんは多いかと思います。かなりよく使われているように思いますが、具体的にはどのようにすればよいのでしょうか。

子どもを心配するあまり、「～どうだった？」と繰り返していませんか

「子どもの気持ち（心）に寄り添いましょう」というのは、子育ての悩みについての回答や、育児書などに、特によく出てくるフレーズです。

子どもの気持ちに寄り添うことは、とても大切です。子どもの「心の根っこ」を育むには、「心に寄り添う」ということが、キーポイントにもなってきます。

ですが、気持ちに寄り添うとは、具体的にどのようにすればよいのでしょうか。子どもが明確に気持ちを伝えてくれれば、まだ「寄り添い」やすいでしょう。ですが、うまく言葉で気持ちを伝えてこなかったり、無言だったりする場合もあると思います。その場合、子どもの気持ちを知るために、いろいろ質問をすればよいのでしょうか。いいえ、**矢継ぎ早な質問は、かえって子どもの気持ちを閉ざしてしまいかねません。**

「気持ちに寄り添う」といっても、その具体的な子どもへの関わり方をつかみか

ねている親御さんは、案外多くおられるかもしれませんね。

まずは、お子さんが学校から帰宅したとき、泣いていた場合を例に、「子どもの気持ちに寄り添う」具体的な方法を5つのステップで説明します。

子どもの心に寄り添う声かけ 5つのステップ

ステップ① 見たままの事実のみを伝える

「涙が出ているようだけど……」と、親が見たその事実のみを言いましょう。「お母さんはあなたのことを見ている」と、**関心を持っていることが伝わります。**

ステップ1
ただいま…
涙が出ているようだけど…

ステップ②

「イエス」「ノー」で答えられる問いかけをする

「お友達とけんかしたの？」「先生に怒られたの？」など、「イエス・ノー」だけで答えられる問い方をします。

その答えは、首を縦に振るか、横に振るかだけのこともあるでしょう。子どもから言葉が出なくても、動作で答えてくれれば、それで対話は通じています。**まずはコミュニケーションの糸口を作りましょう。**

ステップ2
お友達と
けんか
したの？

ステップ③ 出来事だけを尋ねる

「何が原因でけんかになったの？」「先生は、なぜあなたを注意したの？」と出来事だけを答えられるような問いかけをしてみます。**子どもが自分の言葉で話すきっかけを作るため**です。

きちんと説明できることもあれば、話せなかったり、単語程度の言葉しか返ってこなかったりする場合もあるでしょう。ですがそれはかまいません。大切なことは、子どもが親を信頼し、話そうという気持ちになることです。

ステップ④　気持ちを聞く

　ここで初めて気持ちを尋ねてみます。

「それであなたは、どんな気持ちだったの？」

「あなたは、どう思ったの？」

と、**子どもの抱いている感情や、気持ちを話しやすいように言葉をかけていきます。**


　このあたりから、子どもの内面に少しずつ近づいていきましょう。

ステップ4
どんな気持ちだったの？

ステップ⑤　共感する

「悔しかったんだ！」「悲しい」「怖かった」などの言葉が出れば、必ずその気持ちを受け入れましょう。そのときのポイントは、「それは悔しいよね」「悲しかったんだ」「怖い思いをしたね」と、**気持ちを表す言葉をそのまま返すこと**です。

子どもは、親が気持ちを分かってくれたと感じて安心し、また親への信頼感も深まります。このようにして子どもに接していくことが、気持ちに寄り添う方法のひとつです。

ステップ5
悲しかったの
悲しかったんだね

もちろん、途中で返事がなくなることもあるでしょう。そういうときは、その無言が子どもの気持ちです。その状況を受け入れましょう。

「話したくなければ、話さなくていいよ」

そして「お母さんは、いつもあなたの味方よ」と声をかけてもいいですね。

その後、様子を見守るようにしましょう。

気持ちに寄り添うとは、評価したり激励したりしないこと

気持ちに寄り添うとは、評価や指導、あるいは激励や状況の解説をすることではありません。例えば、

「そのとき、はっきり言わないで、後で悔しがってもしかたないでしょう」

「すぐに先生に報告に行って、状況を話しなさい」

「そういうことって、よくあることよ。がんばりなさい」

「それは言葉の行き違いね。言葉の行き違いはね、○○から△△して起こるのよ」

などの言葉をかければ、子どもはモヤモヤしたり、イライラしたり、ゆううつになったり傷ついたりするでしょう。

親の子育ての熱意は、時として、指導や激励になりがちですが、心の根っこを育てるうえでは、それは愛情の空回り、逆効果になってしまいます。

子どもが今、**感じている気持ちを共有するような、そのような関わりを心に留めて接していきましょう。**

×NGワード×
よくあることよ
今さら
言ってもしかたない
先生に
言いなさい
それは
○○が原因ね

「比べない」ための振り返りワーク

子どもへの言葉がけで、ふだんから言っているものにチェックしましょう。

言ってしまいがちなNGワード

□「もっとがんばりなさい！」
□「友達の○○ちゃんは、できるのに……」
□「もっと強くならなきゃ！」
□「早く！　もっと急いで！」
□「あなたのためを思って言ってるの」

子育て熱心な親がよく使うNGワードです。「子どものために」と、つい言ってしまいがちですが、これらは心の成長にネガティブな影響を与え、いつも言われている子どもは、心の根っこを弱くする傾向にあります。

いっぱい言いたい「心根育」ワード

□「ありがとう」
□「いつもがんばってるね」
□「大丈夫よ」
□「どんなときも、あなたが一番!」
□「大好きよ」
□「あなたはあなたのままでいいよ」
□「優しいね」
□「うれしいわ」
□「愛してる」
□「信じてるわ」
□「あなたならできる!」
□「お母さんは、何があってもあなたの味方よ」

あなたのとっておきの「心根育」ワードを書いてみましょう。

子どもの心の根っこを育む言葉が増えていくといいですね。

意欲を育む

「どれだけ言ってもやらない子」が「自分からできる子」に変わる！5つのやる気スイッチ

「子どもに、意欲を持たせましょう！」

「子どもの意欲を高めることが大切です」

　子育て中の親御さんなら、一度は耳にしたことがあると思います。そして、この言葉に疑問を持つ方は、ほぼいないでしょう。ですが、私が今まで関わってきた多くの親子を見ていると、具体的にどのように子どもに関われば意欲が高まっていくのか、その方法が分からず、戸惑っている親御さんが多いように思います。

　言葉で「もっと意欲を持って、取り組みなさい！」と言ったところで、持てるものではありません。むしろ逆効果になり、子どものやる気や意欲はしぼんでしまうでしょう。

　子どもの心の根っこを育みながら、意欲を高める関わり方の５つのポイントをお伝えします。

やる気スイッチ①

子どもの「なぜ？」をキャッチして、好奇心の目を広げる

本来子どもは、見るもの、聞くもの、触れるもの、味わうもの、香るもの全てに興味津々です。成長と共に、行動範囲も広がり、新しく出会う世界は、子どもの好奇心を湧き立たせることでしょう。

子どもからの「何？」「なぜ？」と次々くる質問に、閉口した経験のある親御さんもいると思います。

ですが子どもからの質問には、できるだけ答えてくださいね。そうすることで、子どもはさらに興味を深めます。そして、「もっと知りたい」という気持ちが湧いて、その事柄に興味を持ち、意欲を持って、やがて自分から調べるなど、学びを深める取り組みをするようになるでしょう。

●子どもの質問をきっかけに、楽しく学びを深める習慣を

もちろん親は、普段の生活の中では、家事で手が離せないときや、忙しいときもあると思います。そのようなときは、「今、手が離せないから後でね」と声をかけたり、「なぜだと思う?」と反対に聞き返したりするのもよいでしょう。

そして、質問されたときもそれ以外のときも、親のほうからもドンドン話題をふくらませていきましょう。

例えば、昆虫の名前を尋ねられたら、

「この昆虫の赤ちゃんは、どんな形かな?」

空を指さして、雲のことを尋ねられたら、

「季節によって雲の形って違うよね」

「雲って何でできているのかしら?」

と話しかけてみましょう。そこから、昆虫や気象に興味を持つかもしれません。

夜空を見上げ、

「お月さまってどれくらい遠くにあるのかな?」

この虫
なんて
いうの?
カブトムシ
だよ
じゃあこの
赤ちゃんは
どんな形かな?

「夜空の向こうには何があるのかしらね？」

日常生活の中、ロボットの実用化に目を向け、

「ロボットがお掃除してくれるよ」

と声をかけることから天文や宇宙、またロボットや人工知能などに興味を示すかもしれません。

夏や運動した後は、喉が渇くこと、寒いと風邪をひきやすくなることなどから、

「どうして、暑いとお茶を飲みたくなるの？」

「寒いと体が震えたり、風邪をひいたりするのはなぜかしら？」と聞くことで、身体の神秘や医学に興味を持つかもしれません。

ですから、できるだけ幅広い分野に目を向けられるように、幼児や小学生の頃は視野を広く持たせられるといいですね。

そして、子どものさまざまな「何？」「なぜ？」「どうして？」をうまく育み、好奇心をふくらませていきましょう。

やる気スイッチ②

興味あることに没頭しているとき、集中力は培われる

子どもが何かに積極的に取り組み、熱中しているときは、声をかけずそのまま続けさせましょう。

本を読んでいたり、ブロックを組み立てていたり、中には、何かを分解していたりする子もいるでしょう。

親とすれば「夕食の時間」「お風呂に入る時間」を守らせなければ、と思います。ですがここは、臨機応変に対応してください。**集中力は、何か好きなことに没頭している瞬間の積み重ねで身についていきます。**

親が「集中していなさい！」と言ったところで、身についていくものではありません。子どもが好きなことに没頭している時間を大切に見守りましょう。

ただし、ここでよく勘違いされるのは、テレビやゲームについてです。では、

熱中すること
と
熱中させられること
は
違う

テレビを見ていたり、ゲームに没頭していたりするときも声をかけず、見守るのかと言いますと、それは違います。

　テレビは次から次へと変わる映像を見せられている状態です。ゲームも一見、**子どもが自らしているように感じても、実は自分の意志ではやめにくく、制御できない状態**になることが多いです。

　ですから、そのようなコントロールされている場合は、食事やお風呂などの約束事を守るよう声がけしましょう。自主的に関わっているかどうかを目安にし、臨機応変に判断して対応しましょう。

好きなことに没頭している時間が集中力を育てる

集中力を妨げる
ガチャ
お風呂に入りなさい
…
言うこと聞きなさーい!!
集中力を育てる
ガチャ
お風呂に入りなさい
…
没頭してるのね じゃあお風呂は ご飯のあとで いいわ
おおっ
カポッ

やる気スイッチ③
達成したらどうなるか、楽しみが見える声かけをする

子どもは、先のことを予想するのが大人と比べると未熟です。今、**取り組んでいることを達成すれば、大きな喜びや楽しみが待っていることを伝えましょう。**

例えば、ハイキングをしているとき、「山頂まで登れば、素晴らしい景色が広がっているよ！」

スイミングの習い事をしている場合、「お魚みたいに泳げるようになれば、海水浴に行くのが楽しみだね」

漢字の練習をしているとき、「今度、おばあちゃんにお手紙を書くとき、漢字をたくさん使って書いたら、ビックリするかも。きっと喜ぶと思うわ」

毎日、花に水やりをしている場合、「もうすぐ、キレイな花を咲かせるわよ。何色かしら？　楽しみね」

など、何でもよいのです。

日常の生活の中で、子どもが何かに取り組んでいるとき、そのことをやり遂げた後の喜びや楽しみを予想できる言葉をかけると、励みになり、意欲も高まるでしょう。

やる気スイッチ④
大きすぎる期待は意欲を低下させる

子どもが何かに一生懸命取り組んでいたり、がんばっていたりする姿を見ると、親はうれしいものですね。そしてつい、期待をします。

もちろん親が子どもの伸びる能力を信じ、期待することは悪いことではありません。親の叱咤激励の言葉は、子どもを励ますことでしょう。

ですが、**あまりにも大きすぎる期待は、子どもにとってプレッシャーになり、逆に意欲を低下させます。**

「うちの子は、もっと伸びるはず。もっと、がんばって！」

「さらに上を目指して！」

という親の言葉には、

「もし、期待に応えられなかったら、どうしよう」

と、子どもは不安を感じたり、

「どんなにがんばっても、お母さんは、もっとがんばれって言う、もう、これ以上がんばれないのに……」

とむなしい気持ちを抱いたりするでしょう。今の状態が、精いっぱいがんばったマックスの状態かもしれません。


それを認められず、さらに上を目指すことを親が望めば、反対に無気力になったり、または反発したりして、子どもの意欲は必ず低下します。

そのようなときは、**「がんばっているね」**と声をかけ、**「がんばっているあなたを見るのは、お母さん、うれしいわ」**と、気持ちを伝えましょう。

そうすれば意欲も高まるでしょう。

●「がんばれ」よりも「がんばってるね」。子どもは安心してやる気を出せます

意欲を低下させる
がんばれ
やればできる
さらに上を目指せ
もっと伸びる

意欲を高める
いつもがんばってるね
分かってくれているんだ!!

やる気スイッチ⑤

他の子と比べない。1等でもビリでも「あなたが一番」

親は、どうしても周囲の子どもとわが子を比べてしまいがちです。比べるつもりはなくても、運動会のかけっこで1等になった、ビリだったなどで、一喜一憂したり、お隣の子どもはピアノがスラスラ弾けるのに、わが子は一向に上達しないなどと思ったりすることはないでしょうか。

親のその気持ちは、何気ない言葉から、子どもには伝わるものです。親が他の子と比べてばかりいると、子どもは友達の成功を喜べない子になることもあります。すると、友達関係もうまくいかないでしょう。

また周囲と比べ、自分が優れていることから得る自信や意欲は、もろく崩れやすいものです。なぜなら、成長し社会がどんどん広がっていけば、自分より優れている人に必ず出会います。そのときその自信はまたたく間に崩れてしまいます。

比べて得る自信は崩れやすい
クラスで1番ね！
ボクは勉強ができるんだ
周りと比べると
全国模試
1位 ……
000位
ボクは勉強ができないんだ…

このように、他の子と比べていると、うまくいっているときは、意欲も高まり、自信も持つでしょう。ですが、いったん崩れると、その意欲も自信も非常にもろく崩れ去り、無気力に陥るおそれがあります。

運動会で1等でもビリでも「**よくがんばったね。お母さんの中では、あなたが1番よ**」と、どのような結果でもあなたを愛している、という気持ちが伝わるような言葉や、ピアノを弾いていたら、「**わ〜！前より上手に弾けるようになったね**」と、以前のその子自身と比べ、声をかけましょう。

「比べない」ための振り返りワーク 2

意欲を育む

自分に語りかけたい「やる気がアップする言葉」をふきだしの中に書き入れましょう。

すぐに思いつかなかったら、次から選んでもＯＫです。

自分を勇気づけ、意欲をアップさせる言葉集

□毎日、家族の食事作り、がんばってるよね。
□今日も朝から笑顔で「おはよう」と言えた。
□今、がんばってる自分は素晴らしい！
□大丈夫！　私はここまでやってこられたんだから。
□あきらめなければ、夢は必ず叶うはず。
□ゆっくりでいい、自分の信じた道を進めれば。
□私は私、ありのままでいい。
□自分自身に「ありがとう」。
□子どもにとっては「たった一人の大切なお母さん」。

3

「折れない心」を培う

失敗したとき、壁にぶつかったとき、乗り越える力をつける5つのポイント

親は、子どもの健やかな成長や、将来望む道に進むことを願うことでしょう。ですが、人生は順調にいくときばかりではありません。人との関係に傷ついたり、自分の能力に悩んだりすることもあるでしょう。壁にぶつかったり、転んだりして、心折れそうになることもあるでしょう。

大切なことは、どれだけ困難な状況であっても、前を向き、歩もうとする気持ちを持つことです。

転んでも、また立ち上がる力を持つことです。

心の根っこを育みながら、日常生活に落とし込んだ「折れない心の育み方」を5つのポイントにまとめ、お伝えします。

ポイント1 転ばせないことより、転んだときに立ち上がる力をつける

親は、子どもが危険に遭遇しそうになると、もちろん回避させようとするでしょう。つまずくと、転ばないように注意もします。それは親の一種の愛情であり、そのような関わりを持つことは決して悪いことではありません。

ですが、あまりにも親が先回りし、転ばぬ先の杖を出しすぎると、子どもの伸びる能力の妨げになることもあります。

どんな人でも人生にはつまずきがあります。転ばせないようにするのではなく、転んだときの起き上がり方を学ばせていきましょう。

例えば、次のようなことはないでしょうか。

- 朝、寝坊をして、遅刻しそうになったので、学校まで送っていく。
- 忘れ物をしたから、困るだろうと、学校へ届ける。
- きょうだいで、意見の相違から言い合いになったので、間に入って止める。

親が先回りしすぎると、子どもは起き上がり方を学べません

このような状況のとき、すぐに助けの手を差し伸べるのではなく、少し見守ってみましょう。そして、見守る中で様子を見ながら、次のような関わりをしていけばよいでしょう。

朝寝坊で遅刻しちゃった
早起きするにはどうすればいいかしら?

・寝坊

一度遅刻して、先生に注意されると、子どもの心の中に、「今度からは、寝坊しないでおこう」という気持ちが生じるでしょう。

親は、それを上手に受け止め、「早起きするにはどうすればいいかな」と、子どもが自分で答えを導き出すような声かけをしてみるのもいいですね。

・忘れ物

忘れ物をしたら、友達に借りる、あるいは、何かで代用できないか考えるでしょう。そのとき、臨機応変に対応する力が育っていきます。そして、忘れ物をして、困った経験をすれば、次からは忘れないように気をつけようとするでしょう。

親は、どうすれば忘れ物をしないようになるか、朝にチェックすることや、必要な持ち物を玄関に置くなどをアドバイスしましょう。

●きょうだいげんか

お互いの意見を言い合っている間に、折り合いのつけ方を覚えていくでしょう。

自分の意見を一部引くことで、相手と折り合いがつき、お互い清々しい気持ちを感じ取ります。親は、それを助ける言葉がけをしましょう。

幼い頃の失敗やつまずきは、取り返しがつきます。むしろ生きていくための学習と思って、見守っていけるといいですね。

ポイント②
他人への思いやりは、まず自分を思いやることから

今の子どもたちは、人を思いやることを学ぶ機会は結構多いと思います。

学校では、

「相手の立場になってみましょう」

「人に思いやりの気持ちを持ちましょう」

と教えられ、家庭でも、弟や妹、友達の気持ちになって考えることを教えます。

ですが、自分自身に対しては、どうでしょうか。**自分を思いやることを教えられたり、学んだりする機会は少ないのではないでしょうか。**

例えば子どもに、泣きたいほど悔しい、つらい、悲しいなどネガティブな感情が沸き起こったとき、

●自分を思いやることを大切にしよう

人を思いやることは知っている
相手の立場になってみよう
思いやりをもって
相手はどう思うか考えよう
やさしく接しよう
どうしたの？
大丈夫？

自分を思いやる方法は分からない
友達に無視された
つらい
悲しい
何だかむなしい
この苦しい気持ちどうしたらいいんだろう？
どうすれば抜け出せるの

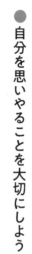

「それくらいで、泣いちゃダメ！」

「そんなに悔しいのなら、もっと努力すればよかったでしょう！」

「誰でも、つらいときってあるものよ」

などと言うことはないでしょうか。

親としては、子どもを慰めるためや、もっと強く育てたいという気持ちから、このような言葉をかけるのだと思います。ですが、それが反対に子どもの気持ちを追い詰めることもあるかもしれません。

折れない心には、何事にも動じない「硬さ」ではなく、「しなやかさ」が求められます。

ですから、泣きたいときは、泣かせてあげればいいのです。悔しいときは一緒に悔しがりましょう。

そして、その気持ちを子ども自身が認められるようにしてください。親は、**「それは悔しいよね」「つらかったね」「泣きたいときは、思いっきり泣いてもいいのよ」**と声をかけ、まずそのネガティブな気持ちを認めることです。

お兄ちゃんに
オモチャ
とられた〜
あら…
よしよし
自然な感情を受け止め共感する
このくり返しで
折れない心

子どもが、きょうだいゲンカをしていて、「お兄ちゃんにおもちゃを取られた〜！」と泣いて、お母さんの膝にすり寄ってくることがあるでしょう。でも、ひとしきり大泣きすれば、数分後には、またきょうだいで仲良く遊んでいることもあると思います。

このとき、親の膝で泣き、**気持ちを受け入れられたと感じると、自分で自分の気持ちを処理しようとする力が育っていく**のです。このような経験を積み重ねることで、心はしなやかになり、折れない心が育まれていくことでしょう。

ポイント③

立てた計画がうまくいかないときは、修正する習慣をつける

夏休みなどの長期の休み、また一年の始まり、新しい学年のスタートのときなど、計画を立てることがあるかと思います。夏休みなら、宿題や自由研究の計画を立て、日づけと終わらせるページ数を決めたり、年頭や新学年の始まりには、達成したい目標に向けて、毎日行うことを決めたりするでしょう。

もちろん、それらは具体的な行動の指針になり、意欲の向上にもつながります。ですが、必ずしも、計画通りにいかないこともあると思います。いえ、計画通りいかないことのほうが多いのではないでしょうか。

そして、1日でも計画通りにいかないと、子どもはすぐにやめてしまい、その様子を見た親は、

「どうして、あなたはいつも計画通りにできないの！」

「決めたことは、きちんとしなさい！」と言うことはないでしょうか。

子どもも、計画通りにしたいのです。決めたことはきちんとやりたいのです。その気持ちを認めたうえで、でも「できなかった」という現実を見るよう、言葉がけをしてください。

「計画を立てたけど、うまくいかなかったわね。なぜ、続かなかったのかしら?」と、どこにできなかった原因があるのかを考えるように話しかけましょう。

そして、できるように、目標を修正していけばよいことを教えましょう。

「1日5ページは多すぎたわね。2ページにしたら、できるんじゃない?」や、「いきなり『今年は算数のテスト、全て満点』は、ハードル高すぎね。『70点以上取れるようにがんばる』にすればどう?」などと提案するのもよいでしょう。

目標を決め、計画を立てることは、とてもよいことです。ですが、あまりにもハードルが高すぎたり、厳しく実行させようとしたりすると、途中で心が折れてしまいます。それよりは、柔軟な対応と、**うまくいかないときは、原因を考えて修正すればそれでよい**ことを提案しましょう。

●計画通りにいかなかった場合は、原因を見直す言葉がけをする

計画を投げ出す子に
あ～…計画通りにいかなかった
夏休みの計画
どうしてあなたは計画通りにできないの！
もういいや…
最初はちゃんとやろうと思ったのに…

計画を修正できる子に
あ～…計画通りにいかなかった
夏休みの計画
うまくいかなかったね目標を変えてみたら？
そうだね欲張りすぎちゃった
明日からまたがんばろう！

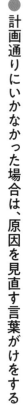

ポイント④ 失敗したときこそ、挑戦したことをほめる

親は、子どもより人生経験が長いもの。ですので、子どもの様子を見ていて、「これでは、うまくいかない」

「必ず失敗する」ということが分かることもあるでしょう。

例えば、夕食の準備を手伝おうと幼児が慣れない手つきで、大きなお皿をテーブルに並べようとしたり、もう少し大きくなると、おもちゃを分解して、またそれを組み立て直そうとしてみたりすることがあります。

食器を並べようとして、テーブルから落とし、割ってしまったとき、また、高価なおもちゃを分解して、元通りに組み立てられなかったときに、

「だから、余計なことはしないで、って言ったのに」

「あなたに、できるはずがないでしょう!」と言うことはないでしょうか。

子どもが何かに挑戦しようとする場面は、日常の中でたくさんあると思います。

例えば、

「明日の朝は、自分で起きる」

「友達の家まで、一人で行ってみる」

「夕食のカレーはワタシが作る」

日常の小さなことから、オーディションや審査のようなことに挑戦することもあるでしょう。

そして、思うような結果が得られず、失敗に終わったとき、

「だから、ダメだって言ったでしょう」

「ほ〜ら、みなさい。あなたは何をやっても失敗ばかりね」とは、決して言わないでください。失敗して最もガッカリしているのは、本人です。

そのようなときは、

「次はきっとうまくいくわよ」

「挑戦したあなたは、立派よ。すごいわ」と温かい言葉をかけましょう。

そしてできれば、なぜうまくいかなかったか、その原因を親子で一緒に考え、次の挑戦へとつなげていければいいですね。

●失敗したときは、叱責ではなく意欲につなげる言葉をかけることが大切

ポイント5

慢心や優越感ではない、本物の自信をつける

「子どもに自信をつけさせましょう」

この言葉もよく言われています。それには、「『できた！』という成功体験をたくさん積ませて、どんどん自信をつけさせる」という方法を耳にすることがあります。また、何か1つ得意分野を作り、そこから自信をつけさせるようにすればよい、という意見もあります。

確かに子どもは、成功体験を多く重ねたり、得意なことがあったりすると自信を持つでしょう。そしてそのことを親や友達、周囲の人たちに認められ、ほめられると、さらに自信は高まるでしょう。ですが、この自信は非常に危険な場合があります。なぜなら、少しのきっかけで、崩れてしまうことがあるからです。

勉強もスポーツも得意だった優等生が、あるとき突然、
心折れてしまうことがあります。その原因は？

例えば、このような話を聞いたことがないでしょうか。

学生時代、勉強がよくでき、成績優秀で、有名な難関大学も合格した人が、卒業後、定職に就かず、引きこもりのような生活になってしまっている。

また、あるスポーツに秀でていて、大きな試合や大会でも入賞し、自他ともに認めるトップアスリートだった人が、ケガや何かのきっかけで、そのスポーツができなくなった途端、何もかもやる気を失くし、人生がどんどん、悪いほうへ転がっていってしまった。

もちろん、そのような人ばかりではありません。学生時代から、勉強がよくでき、卒業後も、自分の目指す道で、イキイキと活躍している人も大勢います。何かのきっかけで、得意なスポーツができなくなっても、その後、充実した人生を送っている人もたくさんいるでしょう。

この違いは、どこにあるのでしょうか。両者とも、得意な分野で、自信があったはずです。同じように自信がありながら、折れない強い心を持っている人と、環境が変われば心折れてしまう人。

実はこの違いは「心の根っこ」にあります。

心の根っこが、しっかり張りめぐらされている人は、環境が変わっても、自分にできることを考え、折れない心で人生を乗り切っていくでしょう。

では、心の根っこを強くしながら、自信をつけさせるには、どのようにすればよいのでしょうか。

●根っこは心の基本的な自分への確信、幹は外に表れる社会的な自信

幹は細いが根っこが強いタイプ

マイペースでのんびり屋さんだが
目標を持てば伸びる可能性が大きい

幹も根っこも太くて強いタイプ

基本的な心の部分も社会的な
自信もバランスよく育っている

幹も根っこも細くて弱いタイプ

孤独で生きづらさを感じている
ことが多いが、外からも不安さが
見えるので、支援の目が届きやすい

幹は太いが根っこが弱いタイプ

がんばり屋さんの良い子だが、
どこか不安を抱いていてつまずきが
あると、一気に崩れることもある

それは、周りと比べるのではなく、子ども自身を認めることです。親はつい、よい点数、高い成績、また、試合の勝敗や大会での順位などで、子どもを認めたり、ほめたりしてしまいがちです。

そうすると、成績や順位が自分の価値だと思ってしまい、順位が下がったり、自信ある分野のフィールドを外れたりすると、途端に今までの自信はしぼんでしまいます。

子どもに自信をつけさせたいときは、「どのような成績でも、努力して勉強したあなたは立派よ」「勝っても負けても、一生懸命がんばったんだもの、悔いのない試合をしたあなたはすばらしい」。

そして、どのような結果でも「あなたはお母さんとお父さんの大切な宝物」という気持ちが伝わるような言葉をかけましょう。そうすれば、その得意分野の向上を目指し、練習や努力を重ねて得た自信は、本物の自信となり、環境が変わっても、折れない強い心を持って生きていけるでしょう。

元気

「比べない」ための振り返りワーク ③

「折れない心」を培う

私たちがつらい、しんどいと困難を感じる場面は、原因を掘り下げて考えると、何らかの人間関係に行き当たることが多いでしょう。

過去に身近な人間関係でぶつかり、乗り越えた困難を整理してみましょう。無理に思い出す必要はありません。書ける範囲で、まとめてみましょう。

●親との関係で乗り越えたこと

● パートナーとの関係で乗り越えたこと

● 身近な人間関係（友達・ご近所・職場など）で乗り越えたこと

こうして過去を棚卸ししてみると、「随分、がんばってきたなぁ」と思うことはないでしょうか。

「自分は親に愛情をかけてもらえなかった」人もいるでしょう。

「パートナーと、大きなすれ違いがあった」人もいるでしょう。

「過去にいじめに遭った」人もいるでしょう。

人は誰しも、何らかのつらい過去を背負っていると思います。

ですが、**「困難を乗り越え、今生きていることは素晴らしいこと」**です。

自分の生きざまを誇りに思って、自身を思い切り認めてみましょう。

4

時間を有効に使う力をつける

勉強も仕事もテキパキこなせる一生ものの時間管理術が身につく5つのステップ

今の子どもは、ひと昔前では考えられないほど、時間に追われているように思います。塾や習い事に通う子どもが増え、学校から帰宅すると、ランドセルを置いて、カバンを持ち替え、習い事に行く。そして習い事を終え家に帰ると、学校の宿題に取り組む。

平成十四年から始まったゆとり教育も、平成二十二年頃から順次終了していき、今は、学ぶ内容も増えました。令和二年には、教育指導要領の大きな改訂により、小学校でも英語が評価のつく教科となり、道徳も教科化、そこへプログラミングも導入されました。

今の時代を生きる子どもにとって、時間を有効に使える力を身につけることは、将来に大きな影響を与えるでしょう。

「急いで!」「早く!」の口癖が、心の根っこを弱くする

「早くご飯食べなさい。学校に遅刻するでしょ!」
「先に宿題を済ませなさい」
「急いで準備しないと、塾に間に合わないわよ!」など、子どもに次の行動をせかす言葉をかけることが、多くなっていないでしょうか。

親は、子どものためを思い、急がせる言葉をかけるのですが、実は、これらの言葉は、即効性はあるものの、長い目で見ると、あまり効果がなく、そのうえ子どもの心の根っこも弱くします。

なぜなら、子どもは親にせかされているから、とにかく指示通り、その場では急ぎますが、何も言われなければ、急ぐことはないでしょう。また小学校の間でしたら、親も声をかけると思いますが、いつまでも、子どもの行動を管理し、言い続けることはできませんね。

●急がせると即効性はあるが、時間管理能力は身につかない

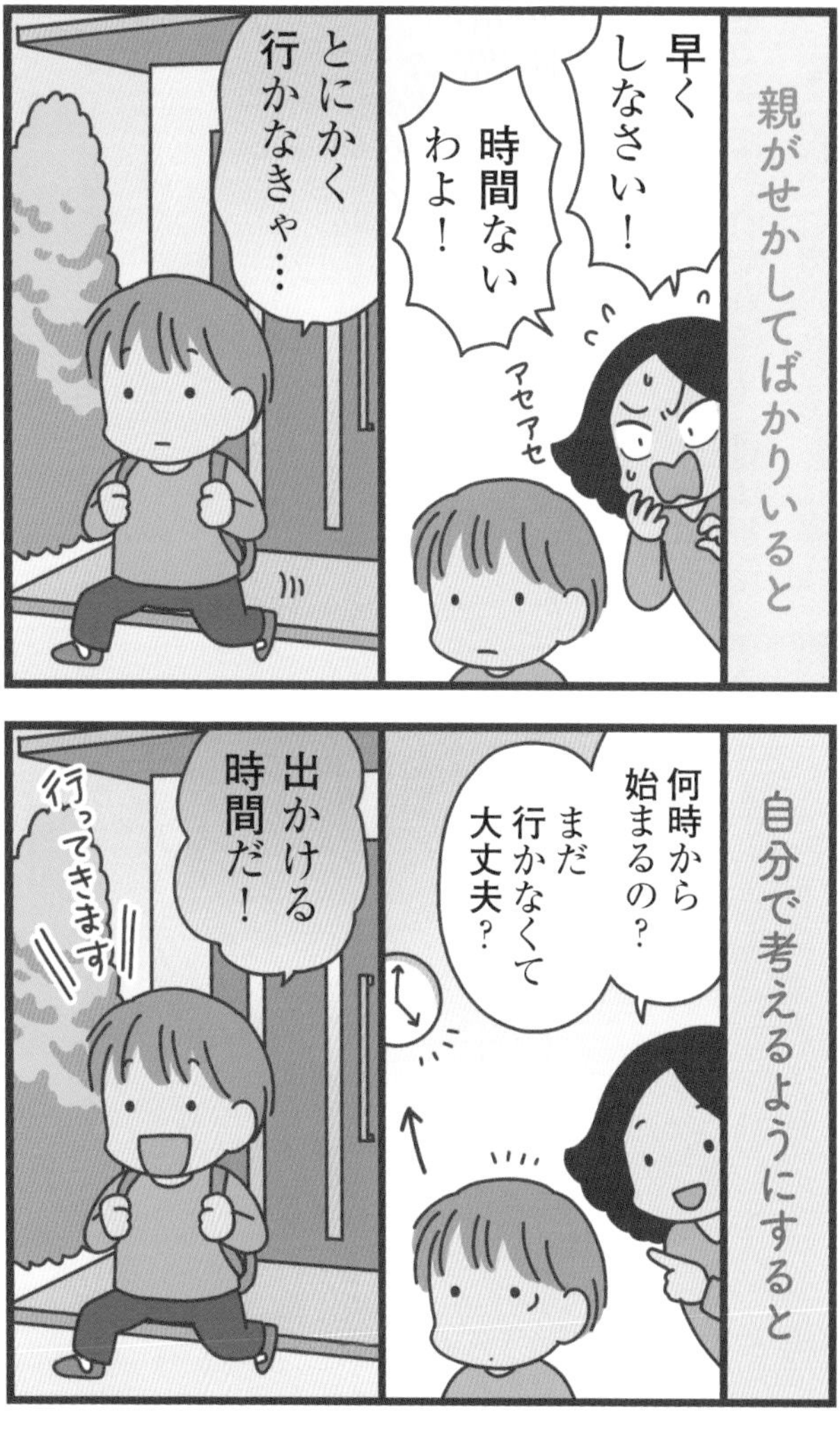
親がせかしてばかりいると
早くしなさい！
時間ないわよ！
アセアセ
とにかく行かなきゃ…
自分で考えるようにすると
何時から始まるの？
まだ行かなくて大丈夫？
出かける時間だ！
行ってきます

そのうえ、「早くしなさい！」「急いで！」は、今の自分のペースを否定されることにつながりますので、子どもの「心の根っこ」も育まれません。

そして、親が口癖のようにこれらの言葉を言うことによって、子どもは落ち着いて物事に取り組むことや、考えることが苦手になることもあります。また大人になっても、常にセカセカとして、慌てるために、ケアレスミスや失敗につながることもあるでしょう。

かといって、急がせないでいると、時間に間に合わず、遅刻するのも困ります。やるべきことを時間内にできるようにもしたいものです。

それには「自分で時間を考え、行動できる時間管理能力を身につける」ことです。ではそのためには、親はどのように関われればよいのでしょうか。

心の根っこを育みながら、家庭で親ができる具体的な方法をステップ順に説明します。

今日から身につけられる！時間管理能力を高めるための習慣

大人は、「時間」という言葉を、普段意識せずに使っていますが、子どもは、その言葉の意味を理解していないことがあります。なぜなら目にも見えず、手で触れられるものでもなく、非常に分かりにくいものだからです。

「時間管理能力」という言葉がありますが、時間は管理できるものではありません。人の力で、ためておいたり、速めたりできるものではありませんね。管理するのは自分の行動です。

ステップ① 日常会話の中で時刻を意識する

子どもにはまず「時間」という概念を教えていきましょう。それには、日常の会話の中に取り入れていくことです。

「夜は、8時には寝ましょう」

「3時になれば、おやつを食べようね」

「今日は、9時に出かけるわよ」など、**普段の会話の中に時間を意識できる言葉を入れるとよいでしょう。**

ステップ② アナログ時計で時間を可視化する

最近は、デジタルの時計が増えてきています。確かに、デジタルだと、数字を読むだけで時間が分かりますので、小さな子どもにも、何時何分というのが、読みやすいですね。ですが、時間の経過や流れが分かりにくいのが難点です。

そこで、できるだけアナログ時計を置くことをお勧めします。

そうすると、「何分過ぎた」「あと何分ある」というのが、**針の動きで可視化され、時間というものが認知されやすくなります。**

ステップ③ 時間の長さを体感で覚える

時間の長さを感覚で覚えさせていきましょう。1時間はどれくらいの長さか、10分はどれくらいか、30分は何がどれくらいできる長さか、1分ではどうかなど、「1時間」「30分間」「1分間」という言葉と一緒に、その長さを体感させることです。

そして、ここでもうひとつ、踏み込んで教えておきたいことは、**同じ時間でも、好きなことをしている時間と、気の進まない、嫌なことをしている時間では、体**

同じ1時間でも、何をしているかで時間の感覚が違う

感的に長さが違うということです。そして楽しいことを待つ時間は長く感じるのも気づかせましょう。

「3時におやつを食べましょう。それまでは、勉強しましょうね」と親が2時に言った場合、3時までの1時間は待ち遠しく、長く感じることと思います。同じ1時間でも好きなゲームをしていれば、気づかない間に過ぎていることもあるでしょう。

子どもに時間管理能力が身につくようにするには、このように「時間」に関しての理解をまずは深めていくことから始めるとよいでしょう。

ステップ④ 具体的なスケジュールを立てる

時間についての理解が定着してくると、次は、予定を考えます。いわゆる「スケジュールを立てる」という作業です。時々、勉強を含めた一日のスケジュールを子どもが立てても、予定通りにいかず、「どうして、決めたスケジュール通りにできないの？」や「うちの子は、時間管理が全くできない」と嘆く親御さんもいます。ですが、まずは**時間の認識がきちんとできて、それから初めて、スケジュールを立てることに意味がある**のです。

作業としては、親子で一緒に、一日の行動を書き出します。

食事、入浴、学校、運動、習い事、勉強、遊び、テレビ、読書など、一日の行動を書き上げ、時間を割り振っていきましょう。

子どもと一緒に、「この時刻に、毎日起きることできる？」「宿題は何時からする？」など話し合って決めていくことが、立てた予定を実践し、長続きさせるコツです。そして、大きな表にして、リビングなどの目立つところに貼っておくとよいでしょう。

ステップ⑤ スケジュール通りにいかないときは修正する

何日か実行してみたのちに、立てた予定を見直します。考えて作成したスケジュールですが、実際には、うまくいかないこともあると思います。その場合は、修正することを考えましょう。ここで、予定通りにいかないからと、「自分で決めたスケジュールなのに、どうしてできないの？」と叱責したり、親自身が、子どもに対し諦めたりすることはよくありません。予定通りにいかなければ、うまくいくように考え、修正することを子どもに教えていきましょう。

親は、その時間内にすることを細かくリストアップしていくことや、**ゆとりの時間のような、修正時間を間に挟む**ことをアドバイスするのもよいでしょう。

そして「なぜ、予定通りできなかったか」を、自分の行動を振り返りながら考えるように言葉をかけましょう。その「考える」ところから、初めて「時間管理」、つまり「自分の行動管理」ができる力が培われていくのです。

なぜ予定通りできなかったか、問いつめるのではなく「考えさせる」

よくない言葉がけ
自分で決めたことでしょ⁉
どうしてできないの‼
これだからこの子は…
もうあきらめよう…
よい言葉がけ
できなくて残念だったね
できなかったところを修正するチャンス！
一緒に考えよう！

「早くしなさい！」と言わずに子どもの行動を早くする言葉のかけ方

このように、まずは「時間の理解」と「時間（行動）の管理」を家庭内で、徐々に身につけさせておきましょう。

「早くしなさい！」「急いで！　間に合わないわよ！」「うちの子は、何をしても時間通りにできない」とイライラしたり、どなったりする前に、少しこの「時間の理解と管理」について思い出してくださいね。

子どもだって、実は早くしたいのです。遅刻は嫌だし、急いでしようと思っているのですが、それができない、ということを親は理解しましょう。

親に怒られれば、子どもは戸惑うばかりです。そこから親子の間に溝ができてしまうこともあるでしょう。

子育ては、慌てず、順を追って、その段階に合った対応をすることが大切です。そうして、子どもは本来持っている能力を充分発揮していけるものなのです。

では、次はもうワンステップアップして、子どもの行動が早くなる具体的な言葉のかけ方をお伝えします。

早く行動できる子に育つ、言葉のかけ方

ポイント1 理由を伝える

なぜ、早くしなければならないか、理由を言いましょう。

「学校に遅れるから」「出かける用事があるから」「早くお風呂に入って寝ないと、明日の朝、起きられないよ」など、**理由が明確になると、子どもも行動を起こしやすい**でしょう。

ポイント② 今やるべきことは、1つに絞る

時々、「早く着替えて、ご飯を食べて、ランドセルを持ってきて、学校に行く用意をしなさい」と言うことはないでしょうか。

朝の慌ただしい時間、親のほうも焦っていて、つい言ってしまいがちだと思います。

ですが、急いでいるとき、一度に多くのことを指示されると、混乱し、余計にウロウロしてしまうことがあります。

行動を早くするように促すときは、まず「着替えましょう」と言って、着替えができれば、「さあ、朝ご飯食べようね」と、**今、する行動を1つに絞って伝え**ましょう。

ポイント③ 「○時まで」と具体的な時刻を言う

「7時30分までに、朝ご飯を食べましょう」「6時までにお部屋を片づけてね」と時刻についても具体的に伝えましょう。

ただ「急いで！」「早く！」や「間に合わないわよ！」だけだと、どれくらい急がなければならないのか分かりません。いつものせかされる言葉に慣れてきて、急ぐ気持ちすら起こらないこともあるかもしれません。

時刻を一緒に伝えることで、子ども自身、「後○分しかない」「じゃあ、早く食べよう」と、それに合った行動を自分で考えるようになるでしょう。

頭ごなしに、ただせかすのではなく、**自分で考え、行動できるように先の見通しのつく言葉がけ**をすることが大切です。そうすると、行動に移しやすくなるでしょう。

●子どもの行動が早くなる言葉のかけ方、3つのポイント

ゆったりした時間の中で、思考や意欲は湧いてくる

1日24時間、老若男女どのような人にも平等で、その限られた時間をどのように使うかが、これからの人生を歩む決め手になることは確かです。しかし今の子どもは、時間に追われることが本当に多いのではないでしょうか。

時には、ゆっくりする時間も必要です。**思考や意欲などは、そのような静かなゆったりした時間の中で、むくむくと湧いてくる**ものです。

それには、子どもの様子を見ながら、少し余裕を持った生活ができるように、習い事の数を見直したり、するべきことの必要性を親子で一緒に考える時間を持ったりするのもいいですね。

そして、このような子どもに寄り添った関わりが、心の根っこをも強く育んでいくものなのです。

「比べない」ための振り返りワーク４

親自身の時間の使い方を可視化しましょう。子どもの時間管理を考えると同時に、親の一日の過ごし方を振り返ってみましょう。

● **基本的生活時間（緑色）**
人が生活していくうえで、基本的に必要な活動をする時間
（例）睡眠、食事、入浴、身の回りの衛生維持など

● **社会的活動時間（赤色）**
社会生活を営むうえで、必要とされる傾向が強い活動をする時間
（例）仕事、家事、育児、学業、介護など

● **積極的余暇時間（黄色）**
人生をより充実したものにするため、積極的に活動する時間
（例）趣味、ボランティア、運動、娯楽、家族や友人との会話など

● **心身休息時間（青色）**
右記のいずれにも属さず、休養休憩をする時間
（例）休憩・休息、くつろぐ、のんびりするなど

どこに属するか迷われた場合。例えば一人でのんびり歩く散歩は心身休息時間になり、距離を決めたり、仲間と一緒に歩いたりする場合は積極的余暇時間になるでしょう。決め手は「自分がその時間をどうとらえるか、どのように感じるか」です。

自分の一般的な24時間の行動を右のカテゴリに分けて円の中に書き入れ、色分けしてください。

1メモリ=1時間

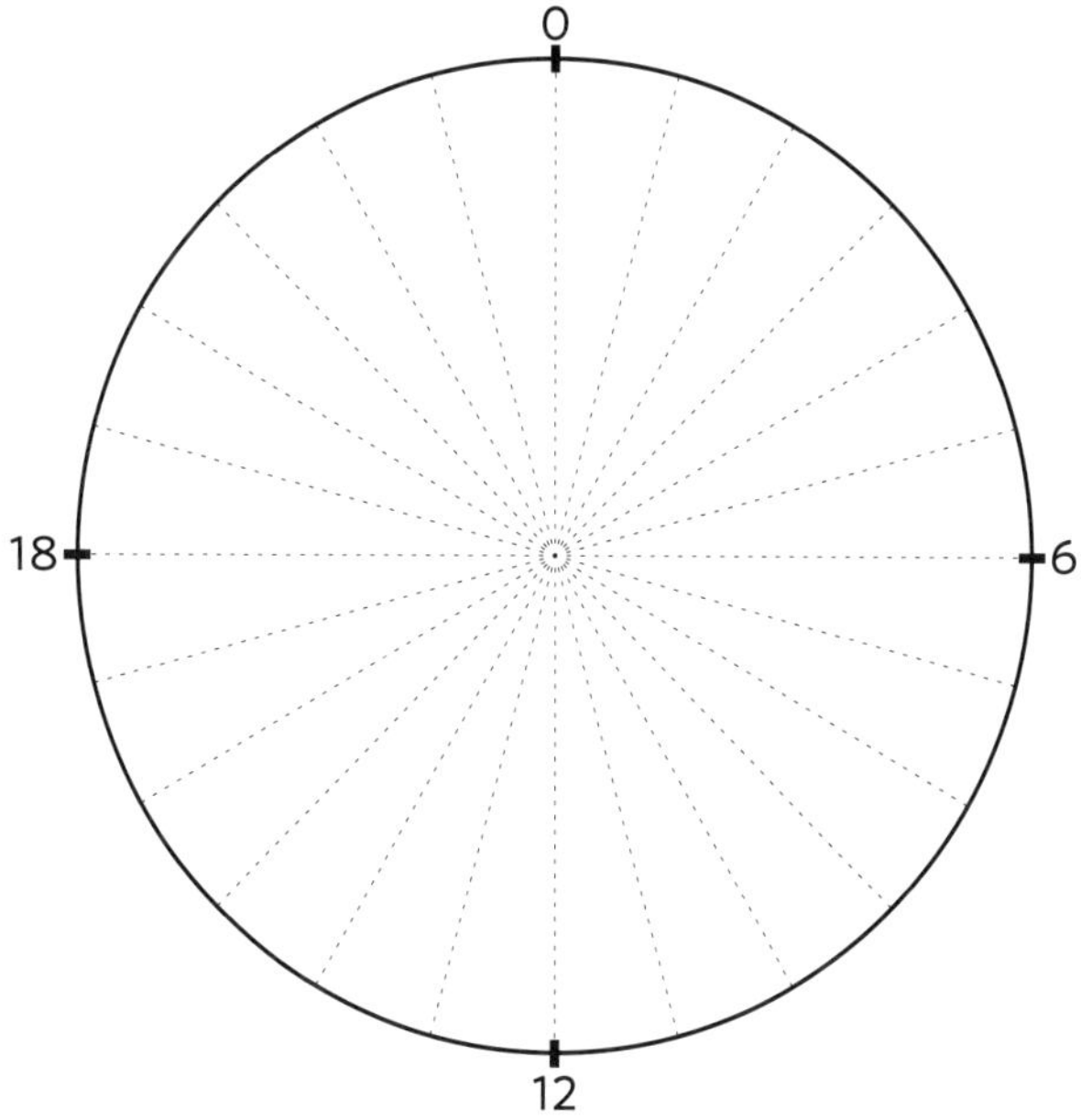

何かを変えたいとき、今の時間の使い方を検討して、改善していく必要があります。「何だか思うようにいかないな」と感じることがあれば、一度自分の時間の使い方を見直すことをお勧めします。自分が理想とする時間の使い方を考え、減らす時間、増やしたい時間などを検討し、日々の行動を意識しましょう。

そうはいっても、**なかなか思い通りにいかないのが子育てですが、どんなに大変でも、いつまでも続くわけではありません。子どもと過ごした時間は、全てかけがえのない時間。いつか記憶の宝物になるでしょう。**

5

タイプ別「心根育」

子どもの性格に合わせて ぐんぐん能力が伸びる 8つの言い換え

私たちは、ひとつのモノを見るとき、欠けているところがあると、「ある」ところより「ない」部分に目が行きます。

例えばコップが欠けていると、その部分が目につきます。色鉛筆やクレヨンでも、1本欠けていると、そのない色が気になるものです。

子どもを見るときも、「できていること」より「できていないこと」が目につき、気にかかることが多いのではないでしょうか。そしてその**「できていないこと」も切り口を変えて見ると、全く別の一面が見えること**もあります。

例えば同じモノでも、切り口によって、その見え方は違う形に見えることがあるでしょう。

できていないことばかり目立っちゃう…
片づけ上手
水泳がうまい
友達が多い
計算が苦手
大変!!
字がキレイ
夢

慎重に取り組む
友達と歩調を合わせる
優しい
行動が遅い
引っ込み思案
優柔不断

円柱の茶筒を思い浮かべてください。上から見ると円、横から見ると長方形。斜めに切った切り口は楕円形です。

同じ円柱形の茶筒でも、見る角度によっては、全く異なる見え方をするのです。

もし、**子どもに欠点と感じるところがあっても、視点を変えて見ると、長所に見えてくることもあります。**

子どものネガティブな面をポジティブにとらえる「心根育」的な見方をすることで、子どもの心の根っこが強くなり、強みになってくることもあるでしょう。では、具体的にどのように見方を変え、どういった言葉をかければよいのでしょうか。

①落ち着きのない子

「少しは落ち着きなさい！」と思わず言いたくなるような、じっとしていることがないような子がいます。日常生活に支障をきたしているわけではないのですが、物事にもあまり集中せず「少し落ち着いて取り組めば、成績ももう少しよくなるのに……」と思うこともあるでしょう。

「すぐに他のことが気になり、集中力が続かない」

「どうして、こんなにも、落ち着きがないのかしら？」

と嘆く親御さんもいると思います。

わぁ すごい！ あっちに何かある！

「心根育」的見方

いつもソワソワして落ち着きのない子は、好奇心旺盛といえるでしょう。何にでも、**興味関心を持ち**、幅広い視野を持っているのです。新しいものが次から次へと気になり、毎日、イキイキ、ワクワクしながら過ごしているのです。

心の根っこを育てる言葉がけ

「楽しいことがいっぱいで、ジッとしていられないのね」
「毎日、ワクワク過ごしていて、ステキね」
などの声をかけましょう。

そして、何かに没頭しているときは、できるだけ**集中し継続できるように**、**臨機応変に対応しましょう**。

子どもが何かに取り組んでいるとき、いつも横から声をかけていないかなど、親自身も時には振り返るのもよいでしょう。

また、部屋の中にモノが多すぎないかをチェックしたり、同じテーマに関して、掘り下げて質問してみたりするのもよいですね。

落ち着きのない子は好奇心旺盛な子
COMIC

ワンポイントアドバイス
片づけようね
モノが多すぎないかをチェック

②行動が遅い子

「うちの子は、何をするのも遅い！」「お友達より、ワンテンポ遅れて行動している」と、思うことはないでしょうか。

何をするのにも、ゆっくり行動するわが子に対し、親としては、見ていて歯がゆくなったり、「どうしてうちの子は、こんなにも遅いの！」とイライラしたりすることもあるかと思います。大声で「早くしなさい！」「ホントにあなたは、何をするのも遅いんだから！」と子どもを怒鳴りたくなることもあるかもしれません。

「心根育」的見方

何をするのもスローペースな子は、丁寧に、そして慎重に物事に取り組む子といえるでしょう。

どのようなときも、自分のペースを守りながら行動できることは強みとも考えられます。

心の根っこを育てる言葉がけ

「いつも丁寧に取り組んでいるね」

「慎重に、着実にするのね」

などの声をかけましょう。


すると、子どもはうれしく感じ、次の言葉も、スムーズに入ってきやすくなりますので、そのうえで、

「今日は10時に出かけるから、それまでに準備してね」

「6時から夕ご飯にするから、それまでに片づけて」

と声をかけると、丁寧に取り組みながら、時間を気にかけ、徐々に行動もそれに合わせられるようになるでしょう。（4章の「時間を有効に使う力をつける」を参考に、声がけをしていってくださいね）

行動の遅い子は 丁寧に取り組む子
いつも丁寧にやってるね
ワンポイントアドバイス
12
3
6
9
「6時からご飯だからそれまでに片づけてね」
そろそろやろうかな…
時間も一緒に声がけを

③ 頑固な子

「本当に頑固な子！」と言いたくなる子もいるでしょう。

一度、言い出したら、何を言っても聞かない、

「これでなきゃあ、イヤ」

「絶対、私は〇〇する」

と頑なに自分の考えや思いを押し通そうとする子がいると思います。

その頑固さに親も、疲れ果てることがあるでしょう。

「心根育」的見方

頑固な子は、見方を変えると、意志の強い子といえるでしょう。
何事も諦めず、そして人の意見に流されず、強い信念を持って歩み続ける素晴らしさを持っています。

心の根っこを育てる言葉がけ

「周りに流されず、自分の思ったことをやり抜くのね」
「いつも信念を持って行動しているね」
などの声をかけましょう。

そのうえで、相手と意見や考えの相違があったとき、**お互いに譲り合って折り合いをつけると清々しい気持ちになることを体感**させます。

子どもの頑固さにイライラし、怒りたくなることもあるかもしれませんが、頭ごなしに叱ったり、注意したりすることはやめてください。

方法や解決策はひとつではないこと、「なぜ、それでなければダメなのか」と、子どもの気持ちを丁寧に聞きながら、代替案を親から出してみるのもよいでしょう。リラックスできる環境や、「お母さん、あなたを信じているから、任せるね」というような、子どもの気持ちが和らぐような語りかけもしてみましょう。

頑固な子は意志の強い子
毎日、5ページ読むの！
私も読みたい～

ワンポイントアドバイス
一緒に読むと楽しいよね
気持ちが和らぐ代替案を

④ 優柔不断な子

「どうして、あなたはいつも自分で決められないの」「いつまで迷っているの！」と、何を決めるのも、迷ってばかりで、なかなか決められない子どもに、イライラすることがあるでしょう。

また外出前に着る服をいつまでも迷っていたり、レストランで、食べるものをなかなか決めることができなかったりと、優柔不断な子どもに、心配や不安を感じることもあるかもしれません。

「心根育」的見方

優柔不断な子どもは、じっくり考えて、慎重に取り組む子、納得してから行動する思慮深い子といえるでしょう。

また相手の考えを尊重し、周囲の和を大切にできるという側面も持っています。

心の根っこを育てる言葉がけ

「いつもしっかり考えているのね」
「自分が納得するまで考えると、後悔しないね」
などの声をかけましょう。

なかなか決められない子どもに、「もう、○○にしなさい」と、親が決めたり、次の指示を出したりしてしまいがちですが、そこはぐっとがまんして、子どもの決定を待ちます。親が指示を出すと、「黙っていれば、誰かが決めてくれる」と思うようになるからです。

日常の小さなことから、自分で決めるように声がけしましょう。その際、二者択一にして尋ねると、返答しやすくなります。

そして考える条件も少し親が出すことで、決めやすくなることがあります。

例えば外出前に着ていく服選びに迷っているとき、「午後から、寒くなるって、天気予報で言っていたわ」などの言葉を添えるだけで、随分違ってくるでしょう。

優柔不断な子は
納得して行動する子
う〜ん、どの服を着て行こうかな…
ワンポイントアドバイス
午後から寒くなるって言ってたよ
じゃあこっちにしよう！

選びやすくなる声かけを

⑤ すぐにふざける子

「調子に乗らないの！」

「ふざけるのはやめなさい！」と言いたくなるような、お調子者で、すぐにふざける子、いますよね。

　真面目な話をしているとき、冗談を言って、相手に不快な思いをさせたり、親が叱っているとき、

「お母さんの怒った顔、おもしろい〜！」

と言って、真似をしてきたりする子に、親は手を焼くことがあるでしょう。

すぐ調子に のっちゃう…
あははっ
くっ
べぇ〜

「心根育」的見方

すぐにふざける子どもは、明るく、ユーモアに富んでいるといえるでしょう。学級やチームの中で、**ムードメーカー的な役割**で、周りの人を和ませたり、楽しませたりし、愛されキャラだと思います。

心の根っこを育てる言葉がけ

「あなたがいると、楽しいわ」
「ユーモアのセンスがいいね。グループの雰囲気が明るくなるわ」
などの言葉をかけましょう。

すぐにふざけたり、調子に乗りやすかったりする子は、場面を考えないと、悪ふざけになったり、その場の人に迷惑をかけたりしてしまうこともあります。その場の**状況を判断するように、促していく**とよいですね。

「あなたがいるだけで、明るくなるわ。なんだか楽しくなっちゃう」と、子どもの明るさやユーモアをほめてから、相手の気持ちを考えること、その場の雰囲気を読み取ることを促すよう、少しずつ声がけしていくとよいでしょう。

すぐふざける子は 明るい子
あなたがいると何だか楽しくなるわ

ワンポイントアドバイス
ここは静かにするところだよ
しー
しー？
外来受付

その場に合わせた声がけを

⑥引っ込み思案な子

「少しは自分から意見を言ってみれば」「どうしてあなたは、いつも人の後ばかりついていくの？」と引っ込み思案の子どもにため息が出る場合もあるでしょう。

いつも友達の後ろからついていくタイプで、自分の意見を言うのも躊躇する子どもに、歯がゆく感じることがあるかもしれません。

「心根育」的見方

引っ込み思案な子どもは、温和で心優しく、相手の気持ちを尊重できる子といえるでしょう。周囲の雰囲気を読み、仲間と歩調を合わせ、チームを大切にする面を持っています。

心の根っこを育てる言葉がけ

「あなたはチームワークを大切にするね」
「お友達の気持ちが分かるあなたは、本当に心優しいわ」
などの声をかけましょう。

そして**家庭内の小さなことから、役割を決めて、任せてみる**のもいいですね。家族旅行のリーダー役になって計画を立ててもらう、今晩のメニューを決めてもらうなど、小さなことから始めます。そして、子どもが自分で決めて行動したことは、必ず認めてほめましょう。

「大丈夫！」「がんばって。あなたならできる」と親が背中を押してみるのもいいですね。

「お母さんはいつも応援しているわ」という、安心と勇気が湧くような言葉をかけてください。

引っ込み思案の子は
仲間と歩調を合わせる子
みんなで縄とびしようよ！
うん、いいよ
ワンポイントアドバイス
今度の休日、遊園地へ行く計画、あなたが立ててね！
まかせたっ
やってみよう…

家庭内での役割を決めて任せる

⑦ 大雑把な子

「あなたは、何をするのも雑ね！」「どうして、もう少し丁寧にできないの？」と、ため息が出ることはないでしょうか。

作業が雑なことが多く、何でも大雑把に片づけてしまう子に、「もっと最後まで、丁寧に取り組めないのかしら？」と感じることがあるでしょう。

「心根育」的見方

大雑把な子どもは、細かいことにはとらわれず、とにかくやってみようとする行動力のある子といえるでしょう。

些細なことは気にせず、おおらかで、かつ大胆な性格です。

心の根っこを育てる言葉がけ

「本当にあなたは、行動力があるわ」

「大胆な性格で、小さなことにはこだわらず、たくましいね」

などの言葉をかけましょう。

一度、**計画を立てることを提案**してみてください。そしてひとつの作業の時間設定を、いつもより長めにとります。すると時間的な余裕が作業の丁寧な取り組みにつながるでしょう。

「まだ時間があるから、ゆっくりやっても大丈夫よ」

「もう一度、見直せば、さらによくなるかも！」

などの声をかけるのもいいですね。

大雑把な子は おおらかな子
ちょっとこげちゃった…
気にしないよー

ワンポイントアドバイス
白いところが残ってないか、もう一度見てごらん
見直すよう声がけをしていく

⑧言い訳の多い子

「ゲームは1日1時間の約束でしょう」
「明日、急に外出することになって、できなくなることもあるから、明日の分をしているんだ」
「食べた後の食器は自分で流し台に運んでね」
「お父さんの分は、いつもお母さんが運んでるじゃない」

子どもの言い訳や、揚げ足取り、屁理屈を日常の中で探すと、きりがないくらい出てくるでしょう。時には親が閉口してしまうくらい言い訳の上手な子もいます。親としては「どうして、こんなにも言い訳や口答えが多いの?」と悩むこともあるかもしれません。

口だけは達者…
これは明日の分もやってんのー
お父さんはやってないのに
くどくどくどくどくど

「心根育」的見方

言い訳や屁理屈が多く、いつも口答えをしてくる子どもは、物事を客観的に見ていて、頭の回転も速いといえるでしょう。

心の根っこを育てる言葉がけ

「なるほどね～、言われてみれば、その通りね」

「うまく言うね」

などの声をかけましょう。

「大人と子どもは違います」「明日はどこにも出かける予定は、ありません」など正論で言い返したり、「あなたはいつも言い訳ばかり！」などと言ったりしないでください。子どもは親の対応に、また言い返す言葉を考えます。

子どもの言い返してきた言葉に、「なるほどね～」と感心した様子で、一旦は受け止めましょう。

そして「お母さんは、あなたが、○○してくれると嬉しいんだけどな！」「あなたが△△したら、本当に助かるの」という感じで、親の気持ちを伝える言い方を試みてください。

気持ちを伝える言い方を

親の言葉が子どもにレッテルを貼る

親が何気なく言う言葉、「落ち着きがない」「すぐふざける」など、それらは、親が言うことにより、子どもは「ワタシは落ち着きがない」「ボクはすぐふざける子なんだ」と思い込み、また周囲の人もその子どもの性格を、その言葉通り見るようになります。いわば、**親の言葉が、子どもにレッテルを貼っているといえます。**

「心根育」的な見方と声がけで、子どものマイナスと思われる性格も、強みに変えることができます。ぜひ、実践してみてくださいね。

「比べない」ための振り返りワーク5

タイプ別「心根育」

子どもがどのような状態でも、
「とらえ方」はポジティブ・ネガティブのどちらにもなるのです。
ポジティブにとらえることで、子ども自身だけでなく、
親の気持ちや言動もポジティブになっていきます。
子どもの個性に応じた言い換え法シートを作成してみましょう。

*例

気が強い → **芯のある、しっかりした**

気が弱い → **優しい、控えめな**

例えば「気が強い」と聞くと、気性が荒いなど、少々攻撃的な印象を持ちますが、「芯のある」「しっかりした」と言えば、自分軸を持って行動する、困難に遭っても乗り越え

あなたのよく使う「ネガティブワード」を「ポジティブワード」に置き換えてみましょう。

ようとするイメージを持たれるでしょう。

反対に「気が弱い」場合は、自分に自信がなく、臆病で、人の評価を気にするような印象を持ちますが、「優しい」「控えめ」と言えば、周囲を見渡し、歩調を合わせ、相手を思いやるイメージを持たれるでしょう。

ぜひこのように、自分自身もポジティブにとらえていきましょう。

6

家庭学習

心の根っこを育てながら自分から勉強する子になる5つのサポート法

「あの子は勉強ができるから」「○○君は、頭がいい」などの会話を耳にすることがあります。能力は持って生まれたもので、もともと高い低いが決まっていると思われている人もいるかもしれません。ですが、子どもは皆、学習への好奇心や秘めた能力を持って生まれてきます。それらを発揮させ、いかに学習能力につなげていくかは、周囲の大人の関わりによって大きく違ってくるでしょう。

社会的な交流に着目し、子どもの発達を研究した心理学者ヴィゴツキーは、「学習は、学齢期にはじめて開始されるものではありません。子どもが『どうして？』とたずね、大人がそれに答えるとき、また子どもが大人や他の子どもの話を聞くとき、事実上、子どもは学習してい

こうして
何かを使って
食べるんだ…

乳児期から幼児期にかけて「社会的対話の中の学習」から「自己内対話の中の学習」へ変換される

るのです」[*]と唱えています。

小学校に入学してから、初めて学習をするのではなく、それまでの日常の親との関わりの中で、すでに学習は始まっているのです。

机に向かっていても
頭には入ってない
しっかり勉強しないとみんなについていけないわよ！
とにかく勉強しよう…
え～と え～と…

親が、「小学校に入ったら、しっかり勉強しなさい」「毎日、勉強しないと、みんなについていけなくなるよ」などと言ったところで、子どものやる気がなければ、身にはつきません。それどころか、親に口うるさく言われたりすることから逃れるため、とりあえず机に向かうものの、形だけということもあるでしょう。

では、どうすればいいか、次に具体的な方法をお伝えします。

＊『教育心理学講義』(L.S.Vygotsky著、柴田義松・宮坂琇子訳、新読書社)

親の学習サポート①

勉強することで、日常生活がどう便利になるかを話していく

子どもの勉強は、まずはその目的と、その学習を習得すれば、どういった点で日常生活が便利になるか、どのように使えば役に立つかなど、その便利さから伝えるほうがよいでしょう。

ただやみくもに、何かを覚えたり、公式や解き方を暗記したりするだけでは、身につきにくいものです。それを覚えれば、**日常生活のどういった場面で便利になるか、そこから説明**しましょう。

例えば算数では、足し算、引き算ができれば、買い物をするとき、お釣りの計算ができます。

掛け算を覚えれば、きちんと同じ数だけ並んだ物を数えるときに早く、割り算は、物を均等に分けるときに便利ですね。

キャンディーのような固形のものを分けるときから、ジュースのような液体物を分けるときまで、さまざまな場面があるでしょう。

生活科、理科、社会では、見通しを持って実験や観察を行うことで、物事を予想したり、推測したりするときに役立ちます。地域に密着した生活、職業への理解、災害のことなど、どれも生活に直接役立つことばかりです。

国語では、読解力は本を読み解く力になります。あらゆる分野の勉強をする根本になり、物語や小説を読めば、登場人物の気持ちを理解する力が養われ、また社会に出たとき、契約書などを交わすときにも役立ちます。

このように、**「その勉強をすることで、便利になること」「生活の中で役立つ場面」を説明することで、子どもの学びはぐっと伸びて**いきます。

親は子どもに勉強させたい一心から、「勉強しなさい」や「あなたのために言ってるのよ」と、つい言ってしまいがちですが、命令されたり、恩着せがましく言われたりするほど、子どもにとって、やる気が失せることはありません。それだけでなく、親への反発心も生じてくることもあるでしょう。そうではなく、「この勉強をすれば、こんなに便利で、こういうときに役立つよ」と伝えてください。

● その勉強が何に役立つのか、イメージさせることで学力は伸びていく

学力が伸びていく言葉がけ
英語ができると海外に友達ができるかもね
勉強すると世界が広がるのね
へぇ――
勉強嫌いにする言葉がけ
勉強しなさい！あなたのために言ってるの！
うるさいなー

親の学習サポート②

一夜づけではなく、反復学習で定着させる

今、習っている漢字は書ける。だけど前の学年で習った漢字をいきなり問われると書けない。

今、習っている算数の問題は解ける。だけど前の単元の問題は間違う。

このようなことは、ないでしょうか。

そのときは「書ける」「分かる」「解ける」で、テストの点数もよく、問題なく感じるでしょう。ですが、学習は定着させることが大切です。

定着していなければ、学習の基礎の部分が弱く、学年が上がっていくにつれて、学力は不安定になっていくでしょう。その結果、今までのように理解ができず、テストの点数が下がり、勉強が嫌になっていく、というケースが非常に多いように思います。

では学習を定着させるにはどのような方法がよいかといいますと、やはり「反復」が効果的でしょう。

ですので、その繰り返しが楽しくなるような言葉がけをしてください。

例えば、

「こんなに難しいこと、習っているのね！　お母さんにも教えて」

「漢字をいっぱい書けるなんてかっこいい。どんな本だって読めるようになるわね」

などの声がけをすると、その学習が楽しくなり、集中力も上がり、さらに定着しやすくなります。

日々の生活の中で、親が子どものテストの結果だけに関心を持つのではなく、習っている学習内容に興味を持てば、反復をサポートする言葉が多く出てくることでしょう。

勉強は反復が大事
すごい!!
がんばってるね
前の学年
今の学年

●学習は「できる！」「楽しい！」を感じることでアップしていく

親の学習サポート③ 間違えたテスト問題は、原因を確かめ解決しておく

日々の学習の中で、分からない箇所があれば、極力少なくすることも非常に大切です。そのため**間違った問題を見直すことは、必ず行いましょう。**どこで、なぜ間違ったか、**何が理解不十分だったかを把握し、解決してください。**

例えば、算数の文章問題を間違えた場合、どこで間違ったか、「間違い」に対する情報の収集を行い、なぜ間違ったかの分析を行います。

そして「何が問題なのか」を見極めるように考えてください。

・途中経過の計算間違い

その場合、その計算のしかた、割り算や掛け算のしかた、筆算のしかた、桁の揃え方、小数点のつけ方など、何が違うのかを把握しましょう。

・文字や書き方が乱暴

0が途中で6に変わっていたり、筆算の縦の桁が途中でずれていたりして間違えたということもあります。

・式の段階で加減乗除が間違っている

その問題で問われていることが理解できていない、公式を間違って覚えていた、文章の読解力が不十分、などが考えられます。

間違いをしっかり把握した後、間違いに対し、解決するよう対応していきます。場合によっては、前の学年の学習に戻って確認しなければならないかもしれませんが、「分からない箇所」を解決するか放置するかで、後の勉強に大きく影響していきます。

間違いはただ「やり直しなさい」だけでなく「どこで間違った？　なぜ間違ったのかしら？」と声をかけ、原因を把握し、「惜しいね～。途中まで合っていたのに」などと励ましながら、その解決法を見出すところまでサポートしましょう。

毎回、親が間違いに対する情報収集、分析、対応を行うのではなく、最初は子どもと一緒に間違いに対する見直しをして、**徐々に一人でできるように習慣づけていくとよいでしょう。**

●間違えた問題を放っておかず、励ましながら一緒に解決していく

今回のテスト
たくさん間違え
ちゃった
もう
見たく
ないよ…
じゃあ
間違った
ところを
一緒に確認
しよう！
ここ惜しいね～
途中まで合ってるのに
ほんとだ…
次から気をつけ
ないとね

親の学習サポート④

その子に合った学習環境を作る

「リビング学習をした子は伸びる」「中学受験に成功した家庭はリビング学習を行っていた」など、「リビング学習がよい」という言葉が、一時、メディアでも取り上げられていました。

確かに、子どもが勉強をしているとき、その様子が目に入りますので、親がそばにいれば、分からないところをすぐに教えることもでき、また励ましの言葉をすぐにかけることもできますので、リビング学習はよいと思います。

ですが、ゲームやマンガ本といった気が散るおもちゃなどは、目のつかない所に置いておく配慮も必要です。そして、弟や妹がそばで騒いでいる、家族がいつもテレビを見ている、人の出入りが多い、などの事情があれば、違ってきます。

基本的にリビング学習はよいと思いますが、子どもが勉強に集中できる環境であるかどうかを判断し、**各家庭の状況に合った勉強場所を考えるとよい**でしょう。

基本的にリビング学習はよいが、
その子に合った環境かどうか配慮が必要

親の学習サポート⑤

テンションアップする周辺グッズを用意する

「勉強がはかどるカーテンの色は、気持ちが落ち着くブルー」「キャラクター系の筆記具は、気が散るので使わない」など、勉強部屋のアドバイスは、さまざまなことが言われています。ですが本来、子どもが勉強をする部屋は、個室でもリビングでも、「その部屋にいたい」と思えることが大切です。

あまりにも殺風景で、気持ちが落ち着く要素が全くないと、その部屋に入ることさえ、気が進まなくなります。まずは「勉強する部屋にいたい」と感じる工夫をしましょう。ポップな柄、カラフルな色のカーテンでも、子どもの気持ちを引くような物、カラーペンやお気に入りのキャラクターの筆箱でも、その筆記具に触れることが楽しくなるような物をそろえてよいと思います。

最初は勉強に取り組みたくなるグッズや部屋の環境を用意できるといいですね。

●子どもにとって居心地のいい空間を勉強部屋に

「比べない」ための振り返りワーク6

家庭学習

子どもは、「勉強しなさい」の言葉より、親がイキイキと取り組んでいる姿を見るほうがうれしく、学習意欲につながるでしょう。次に例をいくつか挙げましたので、それを参考に自分自身の強みを考えてみましょう。気づいていない強みや長所を引き出すワークです。

子どもの頃に得意だったことを思い出す

□あいさつは元気よくしていた
□読書が好きだった　□走るのが速かった
□忘れ物をした友達によく貸してあげていた
□給食で好き嫌いがなかった　など

自分では当たり前になっている習慣を客観的に見てみる

□毎朝お弁当を作る
□ペットを大切に飼っている
□困っている人を見たら
声をかけずにはいられない　など

過去の成功体験を思い出す

□何かのコンクールで受賞した
□協力して文化祭や体育祭を成功させた
□自分の話に感動してくれた人がいた
□人に親切にしたとき、感謝された　など

いつも心がけていること

□必ず「いってらっしゃい」と
笑顔で送り出すようにしている
□人の悪いうわさ話はしないようにしている
□叱った後は必ずよいところを
ほめるようにしている
□小さな感動を大切にしている　など

時間を忘れて熱中することを考えてみる

□読書　□料理　□手芸　□絵画　□歌
□スポーツ　□DIY　□家庭菜園　など

自分のよいところ、強みがたくさん見えてきたと思います。

今抱いている夢を書いてみましょう

7

塾・習い事

子どもの才能を最大限引き出す塾や習い事を始める前に知っておくべき基礎知識

最近は特に、習い事に通う子どもが多く、小中学校を通じて全体の約80％が、何らかの習い事をしているという調査結果があります。

その中でも、塾へ通っている子どもは小学6年生では約38％。そして中学3年生では、約65％となっています。

この数字は、家庭教師や通信教育を含めておらず、これらのことから分かるように、今の多くの子どもが、学校以外にさまざまな形で勉強を習っており、各家庭の教育に関する熱心さがうかがわれます。

親とすれば、少しでも勉強をするように、各教科の理解を深め、成績が上がるようにと思い、

塾に通わせていることでしょう。確かに学校とは違う側面で知識や学びを深めるチャンスにはなります。

ですが、**ただ塾に行きさえすれば勉強をしている、成績が伸びていくと思っていたら、それは違います。**

子どもに合っていない塾だと、かえって成績が落ちたり、勉強への意欲が低下したりすることがあります。

ですから、塾選びは十分検討されることをお勧めします。子どもに合ったよい塾を選ぶためにチェックしておくとよいこと、習い事を始める際に注意しておきたいことなどをまとめました。

参照：子どもの学校外での学習活動に関する 実態調査報告 平成20年8月 文部科学省

塾

子どもに合った塾を上手に活用するポイント

①通塾の目的を明確にする

まずは塾に通う目的を明確にしましょう。学校の授業の補習か、もしくは受験を視野に入れて通うのかによって違ってきます。途中で目的が変わることもあると思いますが、最初に通塾の目的を考えるとよいでしょう。

そして必ず、塾に足を運び、体験に行くことをお勧めします。

②塾の特徴を知る

そこで、教育理念やその塾の得意としていること、特徴などを尋ねることです。

例えば、苦手教科の克服、学校の成績をまんべんなく上げる、授業についていけるようにする、など。また受験を視野に入れる場合、実績や志望する学校の対策を豊富に持っている、などです。

③広告に惑わされない

「成績が大幅アップ」といっても、大勢の生徒の中の1人か2人かもしれません。有名中学の合格数も、優秀な生徒が1人で何校も合格をしている数字も入っています。また合格率も、優秀な生徒のみでクラス編成し、それを分母にしている塾もあったそうです。広告やキャッチフレーズに惑わされないようにしたいですね。

④交通手段や周辺環境のチェックも忘れない

通塾の交通手段や塾周辺の環境なども調べて、見ておくとよいでしょう。自転車で通える距離か、送り迎えをするのか、公共の交通機関を利用するのか、またその場合、駅周辺の治安なども気になるところですね。

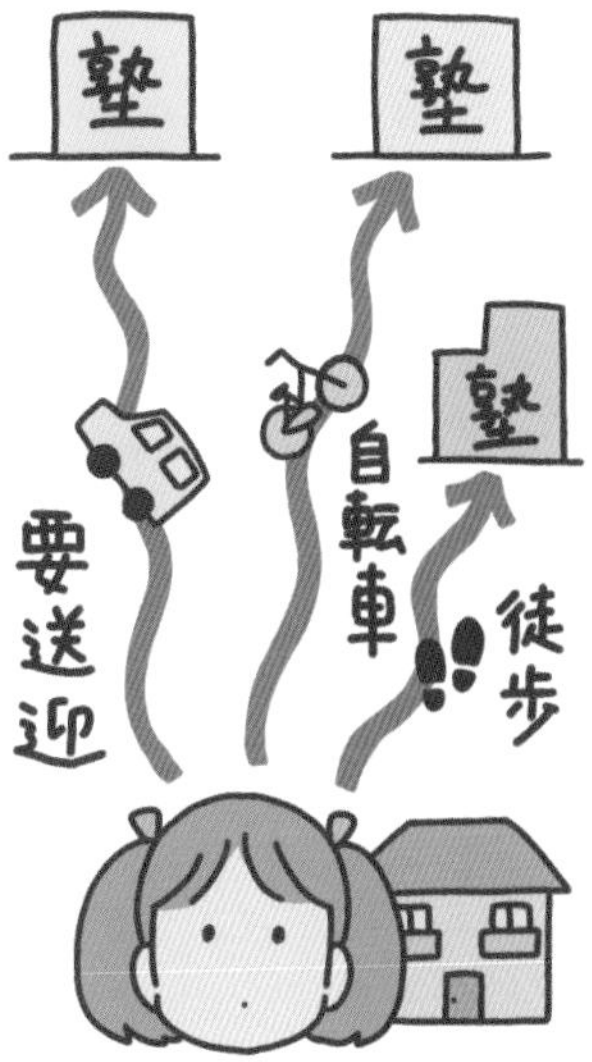

⑤欠席時の対応を聞く

欠席したとき、自宅に連絡を入れてくれる塾や、振り替え出席を認めている塾もあります。そのあたりからも、子どもへの指導の熱心さがうかがえますので、尋ねておくとよいでしょう。

⑥費用面は月謝以外も調べる

そして、直接子どもとは関係がありませんが、調べておいたほうがよいことに、費用面があります。

月々の月謝以外に、入会金、テキスト代、季節ごとの講習費、模擬試験費用、施設維持費などが必要なこともあります。中には、半年分前納で、途中退会の際も返金無し、といったところもありますので、事前に調べておくことをお勧めします。

⑦他、懇談や掲示物などについて

教室内の掲示物は、季節に合った新しいものであるか、友達や近所の保護者の評判はどうか、なども気にかけておきましょう。自然にその塾の特徴や良し悪しは聞こえてくるものです。

もし今、通塾している場合、懇談のときの先生の話を注意して聞いてみてください。

「算数がまた、点数下がりましたね」「国語の読解力がないですね」

このような説明は、テストの結果を見れば親も分かります。

そのためにどうすればよいのか、具体的なアドバイスがないようでしたら、塾を考え直してもよいかもしれませんね。

塾を考える場合、注意点は諸々ありますが、要は「わが子に合う塾」を選ぶことです。そして勉強の理解を深めるため、成績を効率よく上げるために上手に塾を活用しましょう。

習い事

習い事を上達させる親サポート法

①どんな習い事があるか、アンテナを張る

今は習い事も多種多様になり、ほとんどの子どもが何らかの習い事をしています。

特に、学習指導要領改訂で小学校でも評価がつく教科となった英語は人気のようです。また同じく導入されたプログラミングも新しい習い事の分野として注目され始めています。そしてスイミングは根強い人気で、他にサッカー、野球、武道、ピアノ、リトミック、ダンス、絵画、囲碁・将棋など、習い事の種類も増えてきています。

多くの習い事の中から、いったい何を習わせればよいのか、迷われている親御さんもおられるでしょう。ただやみくもに習わせるのではなく、事前に考えておくと、より有意義な習い事になるポイントをお伝えします。

②子どもの経験の幅を広げさせる

習い事を始めるきっかけ・動機は、学校の授業に役立つからということ以外に、子ども自身が好きだから、きょうだいやお友達が習っているから、テレビなどメディアで見て興味を持ったから、親が習わせたかったからなど、さまざまでしょう。中には、プロを目指したいという子どももいると思います。

どのような理由でも、子どもの経験の幅を広げるという意味ではよいと思います。

ただ、**親が習わせたかったという理由の場合は、子どもに興味を持たせてから、**習わせ始めましょう。

子どもの好きな分野のスキルが上がると、何事にも自信を持てることが多くなります。意欲や努力する力、思考力、判断力、持久力、体力、協調性、表現力など、各習い事によってさまざまな能力が養われることも期待できるでしょう。

③事前に必要なことを調べておく

ただ、あれもこれもと、どんどん習い事が増えていき、一日にいくつも習い事を掛け持ちすることになり、疲れ果てている子どもも最近はいます。そうならないように、**子どもの体力や時間、心の余裕などを考えたうえ**で、子どもと話し合って決めるとよいですね。

習い事を始めるときの注意点は塾とほぼ同じなので、さらに付け加えて注意する点をお伝えします。

- **見学、体験には必ず参加する**

必ず体験に行き、習っている子どもがイキイキしているか、指導の理念や、指導計画に無理はないか、指導者の様子も含めて見ておくことは必須です。

・上級クラスで何が変わるか

クラスが変わるとき、曜日や時間帯、教室が変更されることがあります。学校や学年に合わせている塾と違って、通う負担が大きくなることもありますので、事前に尋ねておくとよいでしょう。

・月謝以外の費用

そして費用面も、スポーツ系のクラブでしたらユニフォームや用具類、合宿費用など、芸術系でしたら発表会費用や特別レッスンなどの費用が必要なところもあります。親の当番や保護者会のような集まりがあるところもありますので、聞いておきましょう。

体験には必ず参加
楽しそうだな…
クラスが変わることも視野に
上級クラスになると夜7時からだって…
え…
月謝以外の親の負担
当番
保護者の付添い
ユニフォーム代
合宿費

④才能をぐんぐん伸ばす親の関わり方

親も子どもの習い事に興味を持って、関わっていきましょう。そして子どもの意欲を上手に後押ししてください。

例えば、

「ダンスが踊れたら、かっこいいね」

「泳げるようになったら、夏休みには家族で海に行こう！」

「ピアノで、好きな曲を弾けるようになったら、ステキね。お母さんにも聞かせてね」

「サッカー、上手になってお父さん驚くわね。今度一緒にやってみれば？」

「そんなことも英語で話せるようになったのね。お母さんにも、教えて！」

そして実際，上達してきたら、具体的にほめましょう。

そのときの基本は、**「過去の本人と比べて、努力したことをほめる」「上達したところを具体的にほめる」**です。

習い事を通して伸びる能力を育んだり、習い事が日々の生活を充実させるものとなったりするように、心がけていきましょう。

⑤習い事を「やめたい」と言ったときの対応法

好きで始めた習い事とはいえ、「やめたい」と言い出すこともあるでしょう。イヤイヤ習っていても、上達もせず、月謝と時間の無駄になるばかりです。

ですが、習い始めた直後、「やっぱりイヤになった」と言い出したからといってすぐにやめさせたのでは、やめ癖がつくことも懸念されます。また長年続けてきた習い事の場合、親は「せっかく長く続けて、上達してきたのに」と惜しくも感じることでしょう。どちらにしても、親としては、悩むところだと思います。

子どもが、習い事をやめたいと言ったときの対応法を次に説明します。

もうイヤになったよー
やめたーい
イヤイヤ習わせても上達しないだろうし…
でもやめ癖がつかないかしら？

習い始めて、比較的短い期間でやめたいと言った場合

習い事を始めてみたものの、思っていたのと違った、予想以上に難しかった、先生と相性が悪かったなど、子どもなりに、さまざまな理由があるでしょう。親としては、せっかく入会の手続きを済ませ、**必要な教材や用具類も揃えたのに残念**、という気持ちがあると思います。何より、**子どもにイヤなら安易にやめればいい、というやめ癖がつくのも心配**ですね。その場合、次の3つのステップを試してみてください。

❶ほめて意欲を取り戻す

まず、やめたくなった理由を丁寧に聞きましょう。そしてその理由を一緒に解決する方法を考えてみます。さらに、がんばっている様子や、上達した部分をほめる、達成したときの喜びを感じる言葉をかけるなど、再度、子どものやる気を引き出してみましょう。それによって、**意欲がまた湧いてくる子もいます。**

❷少し休んで期間を置く

「少しお休みしてみようか」と、少し期間を置いて、再度考えるのもよいでしょう。子どもは少しのことでも、やめたくなることがあります。期間を置いて少し離れてみることで、気持ちが変わることもあるかもしれません。またスポーツ系の習い事の場合、体力的についていけないことがあります。その場合は、**少し成長し、体力がついてきた頃だと、また続けられることもある**でしょう。

❸目標を決め、達成できたらやめる

それでも子どものやめたい気持ちが変わらなければ、そのときはやめてもいいと思います。その場合、**親子で目標を決めて、達成してからやめる**ことにすればよいでしょう。

例えば、ピアノだったら、「今習っている曲が合格するまではがんばろう！」、スイミングだったら、「クロールで泳げるようになったら、やめようね」など、何か目標を決めて達成できたらやめる、と決めれば、**達成するまで努力をすることや、達成感を得ること**もできます。

その場合、あまりハードルの高い目標でなく、少しがんばれば達成できるような目標のほうがよいでしょう。

ほめて意欲を取り戻す
すごくうまくなったわよ！がんばっててえらいわ！
休んで充電期間を取る
また始めてみようかな…
目標を達成してからやめる
次の級を取ったらやめようか
7級 ← 8級

長い期間習っていて、やめたいと言った場合

長い期間習っていた場合、スキルもアップし、子ども自身もその習い事に対して自信もついてきていることでしょう。ですが、習う内容が難しくなってきたり、周りの友達と、技術や習得に差が出てきたりすることもあるでしょう。また人間関係が複雑になってくることもあります。

❶期間をあけて再度考える

この場合も、最初はやめたくなった理由を丁寧に聞き、それに対応しましょう。そして、どのようなトップアスリートでも専門家でもやめたくなることはあるものです。**期間を置いてから、考え直すことを提案**してみてください。

❷可能ならクラスの変更を相談してみる

長く続けていると、子どもの友達関係も複雑になってくるものです。指導者や友達との関係がうまくいかなくなってきたことで、イヤになる場合もあります。

もし可能であれば、**クラスや曜日の変更を申し出る、また教室自体を変えてみるのも一案です。**いずれにしても親子でじっくり話し合って、考えましょう。

❸次に取り組みたいことを決めてからやめる

長く続け、学年が上がってくると、勉強の量も増え、忙しくなってくることでしょう。また他に興味があるものが出てくることもあります。その場合、**次に取り組みたいことを明確にしてから、**やめるようにしましょう。できれば具体的な内容や目標をしっかり決めるように、アドバイスするとよいですね。

ピアノやめてどうするの？
学校のバスケクラブをもっとがんばりたいの

⑥習い事をやめた後、親が気をつけたいこと

子どもがやめた後に、親が気をつけたいこととして、「あなたは、何をしてもダメね」「どうせ、あなたは長続きしないんだから」など、やめたことを責めるような言葉は、決して言わないようにしましょう。

そして、過度な期待はしていないか、振り返ることも大切です。子どもの可能性を信じ、子どもの将来に期待することは悪いことではありません。ですが、あまりにも過度な期待や「もっとがんばれ」の励ましは、子どもを追い詰めることもあります。

習い事は、その子どもの人生を豊かにするために行うものです。もし途中でやめてしまっても、将来それを趣味としたり、仲間と楽しんだりできるよう、有意義な経験、ポジティブな思い出として残るよう、親は子どもの習い事に関わっていくようにしましょう。

すべてが
人生を豊かに!!
APPLE

「比べない」ための振り返りワーク 7

塾・習い事

今や、ほとんどの子が何らかの習い事している時代。学校以外に、時間や費用をかけて習わせるのですから、親の期待も高まります。ですが、「習い事をしているのだから、他の友達よりできて当然」「優秀でなければならない」などと思わず、子どもの気持ちに寄り添ったサポートをしたいですね。
そのためには、まず親自身の「〜すべき」「〜せねばならない」を手放しましょう。

自分の中で、「私は〜すべきである」「私は〜せねばならない」と思っていることを「私は、できれば〜したい」「私は、〜できるといいなぁ」の文章に作り変えてみましょう。

＊例

子どもには、栄養バランスを考えた食事を作らねばならない

↓

子どもには、栄養バランスを考えた食事を作りたい

私は、ＰＴＡの仕事を完璧に務めなければならない

↓

私は、できればＰＴＡの仕事を完璧に務めたい

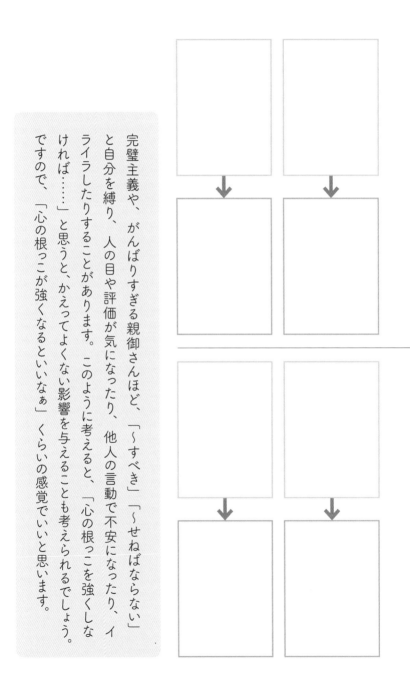

完璧主義や、がんばりすぎる親御さんほど、「〜すべき」「〜せねばならない」と自分を縛り、人の目や評価が気になったり、他人の言動で不安になったり、イライラしたりすることがあります。このように考えると、「心の根っこを強くしなければ……」と思うと、かえってよくない影響を与えることも考えられるでしょう。ですので、「心の根っこが強くなるといいなぁ」くらいの感覚でいいと思います。

8

生活習慣

しつけが自然と身につき、学力アップする方法

——食事、睡眠、あいさつ、整理整頓、スマホとの付き合い方

子どもの学力の土台となる「心の根っこ」や、子どもの勉強をサポートする、家庭での学習サポート法をお伝えしましたが、もうひとつ、大切なものがあります。それは「日常の生活習慣」です。

生きる源になる、基本的な生活習慣である食事や睡眠がおろそかになっていると、学校生活、勉強や習い事などに、しっかりと臨むことはできません。**子どもが、より力を発揮するには、生活のリズムや基本的生活習慣の確立を省いて考えることはできない**でしょう。

本章では、日々の家庭での生活で、子どもに身につけておきたいことを4つの項目にまとめてお伝えします。

① 基本的生活習慣はしっかり確立させておく

・朝食

基本的な生活習慣とは、日常生活の基本となる食事・睡眠・排せつ・清潔・衣服の着脱の５つの生活習慣のことで、幼児期が終る5歳から6歳くらいまでに確立されるといわれています。ですが、食事や睡眠が小学生になってもきちんと確立されていない子どももいます。特に朝食については、学年が上がるにつれて、抜く傾向があるようです。

子どもは、学校での昼食時間が決まっているので、朝食をおろそかにすると、空腹感を味わうことになり、授業に集中できないこともあります。**朝食は一日の活動のエネルギー**となります、しっかり取るように心がけましょう。

朝食は
1日のエネルギー

・睡眠

睡眠が十分でないと、授業中眠くなって勉強に集中できないのは当然ですね。それだけでなく、**睡眠不足は記憶の定着を妨げる**ので、せっかく学習したことが身につきにくくなるでしょう。

その他、睡眠中に分泌されるホルモンや免疫力が低下し、体の機能を整える働きや、バランスが崩れがちになります。

また、**睡眠不足の子どもは、感情のコントロールが難しくなり、イライラの原因になる**ともいわれています。

睡眠時間の目安として、1〜2歳で11〜14時間、3〜5歳で10〜13時間、6〜13歳で9〜11時間、14歳〜17歳で8〜10時間となっていますが、この睡眠時間も不足している子どもが多いのが現状です。

●生活のリズムを整える

朝は、時間に余裕を持って起床し、しっかり朝食を取るようにし、そのためには、夜も決めた時間に就寝し、睡眠時間を確保することが大切です。そうすることにより、生活リズムも整い、排便も習慣づくようになるでしょう。

そこには、朝夕の食事の時間帯をできるだけ一定にしたり、夜の定時就寝を促したりするなど、**習慣になるまでは、親のサポートが必要です。**

参照：昭和大学病院附属東病院睡眠医療センター「子どもの睡眠障害」

②あいさつは人間関係を築く基本

あいさつは、人間関係を築く基本といわれています。相手と心地よいコミュニケーションをとるきっかけにもなり、大人になっても、とても大切なことです。あいさつは、子どもの頃から、家庭で習慣づけておきましょう。

それには、**まず親が率先してあいさつをする**ことです。あいさつをきちんとできる子にしつけなければ、と焦り、「朝起きてきたら、『おはよう』でしょう」「食事は、『いただきます』と言ってからです」など、指示したり、強要したりしないでください。子どもはあいさつをしようと思っていても、先に親から指示されると、その気持ちはしぼむものです。

また、あいさつをしない子どもを厳しく注意したり、叱責したりするのも逆効果です。子どもはあいさつに対し、イヤな感情を持つでしょう。

子どもにあいさつを習慣づけるときには、親が「おはよう」「行ってらっしゃい」「お帰りなさい」「いただきます」「ごちそうさま」「おやすみなさい」など、生活の中で積極的に言いましょう。

笑顔で、相手の目を見て、状況によっては、ハグしたり、ハイタッチしたり、子どもとスキンシップを取りながらあいさつをするのもよいでしょう。

そして子どもがあいさつをしたら、「あいさつしてくれたら、気持ちいいわ」「お母さん、とっても嬉しい！」などとほめたり、喜びの気持ちを伝えたりしましょう。

思春期になり、親子の会話が減る時期があっても、あいさつの習慣があれば、そこからまた少しずつ、心の隔たりが埋まることもあるでしょう。

気持ちいい人間関係は、学力や社会生活を充実させるうえで、重要なポイントとなるでしょう。

●生活の中であいさつすることが「気持ちいい」と思えるように

③整理整頓する力は作業効率をアップする

机の上には、ランドセルやプリント類、教科書が乱雑に積まれていたり、家の中のあちこちにノートや宿題が散乱して落ちていたりする、というようなことはないでしょうか。

学力を支える力として、整理整頓も重要なひとつです。

きちんと片づき、整理整頓されていれば、必要な物を探す時間が短縮でき、すぐに次のことに取り掛かれます。

きちんと片づいた部屋は、心地よく、作業効率もよいでしょう。この整理整頓する力も家庭で育んでいきたい力です。

それには、「きちんと、片づけなさい！」と言葉で命令しても、子どもには難しいものです。それどころか、親に繰り返し言われることで、片づけそのものが嫌いになったり、反発したりすることもあるでしょう。

最初は**片づける場所、モノの定位置を親が一緒に作ってください。**

教科書やノート類を並べる本棚や、必要なプリント類を分類してまとめるファイルを作るといった、親の協力が必要です。

そして、片づけには、**「捨てる」ということも大切なポイント**になってきます。必要なモノ、そうでないモノを**取捨選択**しながら、不要なモノは捨てていきます。「これは必要?」と子どもに尋ねながら、一緒に捨てていくとよいでしょう。

そして、ある程度片づけが習慣づくと、後は子どもに任せましょう。**整理整頓する力は、作業効率を上げるだけでなく、社会に出ても取捨選択や優先順位をつけるときに、役立ちます。**子どもの頃から、家庭で習慣づけておきたいですね。

④スマホとの新しい時代の付き合い方

子どものスマホ使用が大きな問題となってきています。子どもがいつまでもゲームをしていて、注意してもやめない、厳しく叱ると、今度は隠れてするようになったという悩みは、最近、多くの親御さんから相談されるようになりました。

スマホを触る時間が長いため、勉強時間が減り、当然勉強から遠のきます。そして就寝時間も遅くなり、睡眠不足も起こります。すると、さらに学力の低下を招くことでしょう。また家族との会話やコミュニケーションも減るなど、生活の全てにマイナスの影響を与えるようになってきています。

ですが、**今や生活の中に浸透しているスマホを、これからの時代、使わずにはいられないですよね**。では、スマホとの付き合い方を親はどのようにサポートしていけばよいのでしょうか。

●ルールを守らなかったという結果より、まずは気持ちを理解する

子どもにスマホを持たせるときは、「ルールを決める」という方法はよく聞かれると思います。

「スマホやゲームは時間を決める」「自分の部屋に持ち込まない」などといわれていますが、**現実問題として「時間を決めても守らない」**から悩んでいるのだと思います。

そうした場合、次に、「約束を破ったら、罰を与える」となります。

「今日、時間を守らなかったので、明日は使わせない」「スマホ1週間没収」などです。

全然守られない
スマホのルール

スマホを没収された子どもは、怒り、反発するでしょう。そこで親は「約束を破ったあなたが悪いんでしょう！　どっちが悪いか、よく考えなさい！」とさらに子どもを追い詰める言葉を言います。

このような状況は、一般の家庭でよくあるのではないでしょうか。確かに、子どもにスマホを使用する時間を守らせる方法として、罰を決めることを言われる方もいますが、私はこの方法は、非常に危険だと感じています。

子どもは、最初、スマホを手にしたとき、「親との約束を守ろう！」と思っているはずです。ルールを守ってスマホを使い、ほめてもらいたいと思っているはずです。ですが、結果的にそれができないのです。「ルールを守れず、スマホを長時間使ってしまった」という結果のみを見て、罰を与えるのではなく、「なぜ、約束を守れなかったのか」、親はその子どもの気持ちに寄り添い、この問題を解決していく必要があります。

スマホを上手に活用できる子になる3つのサポート

サポート① ルールは子ども主導で決める

子どもが初めてスマホを持つとき、使い方や、何らかのルールは決めるほうがよいでしょう。ただし親が一方的に決めて指示をするのではなく、「1日、何時間くらいにする?」など、**相談しながら、子ども主導で決めていきましょう。**

サポート② ルールを守れたときにほめる

スマホ使用のルールを決めたら、それを破ったとき、親は注意したり、怒ったりします。ですが、守れているときにほめることも忘れないでください。きちんと守れた日は、無関心でいる親が多いですが、子どもは、がんばって、その日、時間や使い方を守ったのです。そのことを認め、きちんとほめましょう。

そしてルールを守れなかった日は、叱責するのではなく、親の残念な気持ちや悲しい気持ちを伝えるように話しましょう。

サポート③ 現実の世界の楽しさを共有する

子どもは、スマホが面白く、楽しいから熱中するのですが、**現実の世界には、もっと楽しいこと、感動すること、驚き、発見などがたくさんあります**。そのことを親は、子どもと一緒に体験して伝えましょう。

子どものスマホにフィルターをかける、などの方法もいわれていますが、この方法も、子どもがある程度大きくなり、自分のスマホを持つようになれば意味がないでしょう。

子どもがスマホを触っているとき、おとなしくしているので、何も言わずそのままにしておくと、どんどんスマホに没頭し、熱中していきます。そうなってから、急に「やめなさい」と言われても、やめられないものです。

今日も
スマホルール
守れたね
ゲーム
SNS
マナー
危険
なこと
ネットで
情報収集

便利なツールを
うまく使いこなすように
親はサポート

　これからの時代、スマホを使いこなすことは、必須になってきています。連絡手段だけでなく、情報収集、娯楽、その他多くの機能があり、とても便利なツールです。

　スマホを上手に活用できるように、親は子どもの気持ちに寄り添って、上手にサポートしましょう。

「比べない」ための振り返りワーク8

生活習慣

気持ちよく日々暮らすために、人との関わり方を振り返りましょう。

あなたは次のような傾向が強くありませんか。

□パートナーが家事を手伝ってくれたとき、「ありがとう」と言おうと思いながら、照れくさくて言いそびれてしまう。

□友達が「ありがとう」と言ってくれたとき、「これくらい、大したことじゃないから」と謙遜し、相手の感謝の気持ちを受け取らずに逃してしまう。

□子どもに「ありがとうは？」と、ありがとうの言葉をつい強要してしまう。

↓いずれかにチェックが入った人は、次の言葉を自分に言ってみましょう。

- 「ありがとう」は言葉に出して、相手に伝えよう。
- 謙虚は美徳ではないよ、「ありがとう」を素直に受け取ろうよ。
- 「ありがとう」は、心からわき出るもの。言葉を強要せず、心を育てよう。

「ありがとう」を伝え合う

「毎日お弁当を作ってくれてありがとう」
「心配してくれてありがとう」
「お手伝いしてくれてありがとう」

「ありがとう」の言葉は、たった5文字ですが、言ったほうも、言われたほうも心が温かくなりますね。
心の根っこが強くなるように、「ありがとう」を上手に伝えたり、受け取ったりしましょう。

そして、時には自分に
「ありがとう」と言ってみましょう。
自分の周りの狭い世界で、子どもや自分を他人と比べて一喜一憂するのは、もうやめましょう。
今ある自分を認め、
ここまで人生を歩んできた自分に、素直に「ありがとう」と感じることで、心の根っこはぐっと強くなります。
同じ状況でも、心は温かくなり、子どもにもその温かさは伝わっていくでしょう。

9

子育ち
親育ち

親自身が
自分の子育てを
比べないために
大切なこと

「幸せ」と一概にいっても、その形は人それぞれです。親や他人に決められるものでもなく、みんな自分で自由に決め、実現に向けて歩んでいく力を持っています。

そしてそれを決め、実現させる決め手は「心の根っこ」のあり方になってきます。

比べない子育てが他者への信頼を育む

「心の根っこ」とは、自分のあり方を積極的に評価できる感覚、自らの価値観や存在意義を肯定できる感覚などで、「自分は大切な存在」「自分は愛されている」と思える感覚を表します。

この「自分は愛されている」「自分には価値

自分は大切な存在
自分には価値がある
自分は愛されている
ありのままでいい

がある」という言い方が、慢心や優越感と混同されるかもしれませんが、他者や周りの人たちと比べて、「自分は何をやっても、上手にできる」とか「他人より、自分は優れている」といった感覚とは異なります。

慢心や優越感は、失敗したり、間違ったりしたとき、あるいは、自分より優れた集団の中にいるときには、しぼんでしまいます。ですが**「心の根っこ」は、周りの環境や評価で揺らぐことなく、自分軸を持ち、自己と他者を信頼できます。**

また、高慢や自分勝手とも違い、人を見下したりせず、自分も相手も尊重します。何かができてもできなくても、存在そのものを「ありのまま」認められる感覚です。

そして「心の根っこ」は、海外では「「セルフエスティーム」（self-esteem）日本では「自尊感情」などに訳されています。

そして昨今、「自尊感情」という言葉は、日本でもかなり広まってきたように思います。ですがその理解には幅があり、本来の意味とは異なるとらえ方をされている場面をよく見かけるようになりました。

私はそのことを懸念し、漢字を見ただけの意味で、各々に解釈されないように、あえて「心の根っこ」という言葉で表現しました。「根っこ」と聞くと、「地中の中にあり、見えないけれど大切なもの」というイメージが浮かび、またどのようなものか、知ろうとする気持ちを持っていただけるのではないでしょうか。

幼いとき、甘えることのできた子どもほど自立に向かう

赤ちゃんはお母さんのおなかの中にいるときから、「早くお母さんに会いたい」と思って、誕生してきます。お母さんに生きることの全てをゆだねて、全てを信

頼して、そして「安心」の中で生活をしています。大好きなお母さん、お父さんを心から愛しています。その愛情は、成長と共に、ときとして反抗や距離を隔てることで表現する時期もあるかもしれません。ですが、どのようなときも、お母さん、お父さんを一番、愛していることでしょう。そしてお母さん、お父さんが、子どもへの関わりをたくさん持てば持つほど、愛おしくなり、子どものほうも、安心して、親に甘えてきます。

時々、「あまりにも愛情を持って関わりすぎると、どんどん甘えてきて、いつまでも自立しなかったり、過保護になったりしてしまうのではないでしょうか」と、心配する親御さんもいます。ですが、**甘えることができなかった子どものほうが、自立は遠のきます。**幼いときの愛情は、小さな発芽したての双葉に水をやり、覆いをかけて

世話をするようなもの。体も知恵も未熟な幼い子どもには、保護やサポートが必要です。

親の愛情をいっぱい受けた子どもは、親への信頼感ができ、「この世の中っていいものだ」と感じ、初めて親から離れて自立へと向かいます。そして傷ついたとき、**いつでもお母さん、お父さんのもとに帰って羽を休められる安心感があってこそ、羽ばたいていく**のです。

あなたの子育ては、あなたらしくていい

「同じクラスのお母さんは、仕事も子育ても楽々とこなしている。ママ友もたくさんいるし、先生たちとも仲がいい」「それに比べて私は……」と落ち込むようなことはないでしょうか。

そして、この「心の根っこ」のことを知ると、親自身が「すぐに落ち込んだり、自信を失くしたりする私は、心の根っこが弱いのでは？」と思うこともあるでしょう。

「心の根っこが、その人の良し悪しや優劣を決めるものではない」と言われても、「自分は、親から心の根っこを育まれなかった。自分らしい花を咲かせることができなかった」と思われる方もいるかもしれませんね。

ですが、この「心の根っこ」は、「ありのままの自分を認める」ことです。もし、今、自分は心の根っこが育まれていない、と感じても、それが「今のありのままの自分」と受容しましょう。

そこで悩んだり、落ちこんだりすると、せっかく「心の根っこ」のことを知ったことが、かえって逆効果になります。「自分は心の根っこが弱いのでは？」と感じるようであれば、日常を少し変えてみましょう。

「比べない子育て」とは、子どもの性格や成長を周囲の子と比べないだけでなく、子育ても周りと比べないこと、そして親自身も他の親と比べないことです。

すると少しずつ、自分の中で、心の根っこが強くなっていくような変化を感じることができると思います。

次に、その5つのコツをお伝えします。

周りの子育てと比べないために大切な5つのこと

大切なこと①
自分のできなかったことより、できたことに目を向ける

「今日は、本を5ページしか読めなかった」ではなく「5ページも読めた」

「片づけが半分しかできなかった」ではなく「半分もできた」

「仕事が1年間しか続かなかった」ではなく「1年間も続いた」

と、**できなかったことより、できたことに目を向ける習慣をつけていきましょう。**


また、自分の短所と思える部分も、子どもへの「心根育」言い換え法を思い出して、自分にも実践してみましょう。

● 物事のプラスの面を見る習慣をつける

できなかったことを考える
掃除が途中までしかできなかった…
はぁ〜…
子どもを怒ってしまった…
ぐす…

できたことに目を向けている
リビングはきれいになった！
おいしい!!
子どもにおいしいご飯を作って一緒に食べられた

大切なこと②
自分のよいところを書き出す

「食べ物の好き嫌いがない」

「子どもの頃から、かけっこが速い」

「あいさつが気持ちいいね、と言われた」

「道を尋ねられて親切に教えた」

何でもよいのです。小さなことでいいので、紙に書き出し、見える化してみましょう。

こんなにもよいところがある自分に驚くでしょう。

もし、**よいところが、ひとつもない、と思ったら、「自分は謙虚だ」と書いてみてもいいですね。**

おいしい♥
『何でもおいしく食べる!』かな…

大切なこと③

小さな感動を意識して積み上げる

「夕日がとっても美しかった」
「鳥の鳴き声を聞いて、心が和んだ」
「今まで解けなかったクイズが解けた」
「子どもが『お母さん、ありがとう』と、言ってくれた」

寝る前に、鏡を見て笑顔の自分に「今日も、がんばったね」と一日がんばった自分に感動してみるのもよいでしょう。

ささいなことでいいですので、少しでも心が動いたこと、感動したことを考えてみましょう。

大切なこと④ 過去を乗り越えた自分を認める

今、親自身の心の根っこが弱いかも、と感じている人は、子ども時代、親に「心の根っこを育むような関わりをしてもらえなかった」ということでしょう。

ですが、今、**そのことに気づき、望む未来に向かって自分の人生を変えていこうと努力しているあなたがいるのです。それは素晴らしいこと**です。そのことを認めてください。そしてそれは、これからの人生、子育ても含め、望む未来に向けての一歩を踏み出しているのです。

その意欲を持っている自分をたくさんほめましょう。

大切なこと⑤

「ありがとう」と言って、子どもを抱きしめる

子どもをしっかり抱きしめて、「ありがとう」と言ってみましょう。子どもがよい行いをしたとかではなく、何気ない普段の生活の中で言ってみましょう。

そうすることにより、**無条件で存在を認められた子どもの心の根っこは育まれ、同時にお母さんのことが、無条件でもっと好きになります。するとお母さんも、子どもに認められ、お互い相乗効果で「心の根っこ」は育まれていくでしょう。**

「あなたがいてくれることに、ありがとう」「あなたの顔を見てるだけで、お母さんハッピーな気持ちになれるの」というような会話もいいですね。

一瞬にして「心の根っこ」が強くなるような魔法はありませんが、日常の積み重ねで、少しずつ育まれていくでしょう。

ありがとう

「子育ち親育ち」生まれてきてくれてありがとう

「生まれてきてくれてありがとう」

子どもが誕生した瞬間は、この気持ちで満ちあふれていたでしょう。

やがて成長とともに、周囲と比べたり、勉強のことが気になったりし始めます。それは今の世の中では当然のことでしょう。

子どもの将来の選択肢を広げるためにも、学力を伸ばす環境づくりや関わりは大切なことです。

ですが、決して目的は見失わないようにしたいですね。子どもの幸せを願っての学習の支援

です。
幸せを決める「心の根っこ」を枯らさないよう、しっかり大地に根を張りめぐらせながら、学力や能力を伸ばすサポートをしていきましょう。

子どもは、母親の胎内から、この世に誕生し、大きな大きな環境の変化と、全く何もわからない不安の中、小さな小さな体で、一生懸命に生きようとします。親は、子どもへの愛情が、時には空回りし、思うように育たないことに対し、イライラしたり、不安を抱いたり、落ちこんだりすることもあるでしょう。

ですが、**子どもが1歳になったということは、お母さんも親になって1歳です。**

子どもと一緒に、親として成長していきまし

ょう。

子どもと共に喜び、感動し、時には共に泣いたり、迷ったりすることもあるかもしれません。そして親が間違ったと思えば「ごめんね」と謝ればよいことです。「お母さんも親になって、あなたと同じ年齢なの」と素直に言うことで、子どもの素直な気持ちが育まれていき、また間違ったときは、きちんと謝ることも覚えるでしょう。

子どもには、非言語のメッセージを受け取る能力があります。いくらもっともらしい言葉をかけていても、違った思いがあれば、親の表情や口調、身振りなどで、心の奥からのメッセージを感じ取ります。

反対に、たとえ、子育てが思うようにできていない、と感じても、精いっぱい、素直な気持ちで関われば、子どもは親の愛情をしっかり感じ、受け取っています。

大丈夫です。「心の根っこ」のことを知り、子どもに関わっていけば、子どもは、きっと自分らしい、満開の花を咲かせ、夢を実現させるでしょう。

おわりに

私は長年にわたり、子どもに関わる職場での勤務や、ボランティア活動で、多くの親子と接してきました。さまざまなケースがありましたが、ほとんどは子どもを愛し、幸せを願っている親ばかりです。そのように愛情をかけて育てたにもかかわらず、思春期になると、子どもが不登校や引きこもりとなり、悩まれている親御さんにも出会いました。

どうしてそのようなことになったのでしょうか。それは最も大切な「心の根っこ」を育むことに、気づかなかった場合が多いように思います。

私たちはどうしても、テストの点数や目の前の勝ち負けなど、見えるものや、すぐに結果が出るものに心を奪われがちです。もちろん今の世の中を生きていくには、それも必要です。ですが、子どもの心の根っこが、それによって枯れてしまうようなことがあっては、本末転倒ではないでしょうか。

私には、二人の子どもがおります。子どもたちには、「自分の進む道は自分自身で決め、そして抱いた夢はあきらめず、目標に向かって歩み続けていく子に」との思いで、育てていました。

中高生時代は、「学校行事でも、部活動でも、遊ぶことでも、何でもやりたいことを思いっきりすればいい」「だけど勉強は、取り返しがつかなくなるまで放っておかないように」と、子どもたちに言っておりました。娘は絵画部や聖歌隊の活動を続け、学生時代を友人と謳歌しておりました。

息子は、小学生の頃から剣道を始め、全

国大会で入賞するほど懸命に取り組んでいました。その後、中高生時代は友達とバンドを組んで音楽も楽しみながら、剣道も続けておりました。

やがて娘は社会福祉の道を志し、インターナショナルスクールから系列大学に入学しました。息子は医学の道を志し、国公立大学医学部に現役で入学、現在は、大学病院で医師として勤めております。その一方で剣道も続け、医学生時代に五段を取得、今は更なる上を目指し研鑽を積んでいます。

勉強から程遠いところにいたように見えていた子どもたちに対し、「いったい、いつ勉強していたの？」とよく友達の親御さんから尋ねられるのですが、目標を持った高校1年生頃から、それまでの部活動や遊びのパワーを勉強に向け

て、自分なりに勉強していたようです。

子どもたちは時々、「なぜ、勉強をしなければいけないのか」という疑問を持つことがありました。

その答えは無数にあるかと思いますが、そのひとつに「自分の夢を実現させるため」があります。**今、勉強するか、しないかの選択ではなく、将来なりたい自分になるか、そうでないかの選択を今、できる自由があること、そしてそれは本当に幸せなこと**であることを、子どもたちに話したことがありました。子どもたちは非常に納得した様子で、返ってきた言葉は、「ありがとう」でした。

私自身、子育てをしている最中は、「絶対、この子育てが正しい」と自信を持って行っていたわけではありません。正直、無我夢中で、不安もいっぱいありました。

ですが、今、振り返ってみると、やはり最初に周りの子と比べず、「心の根っこ」

をしっかり育み、自分軸を持って子育てをしたことがよかったのだと思っています。

そして私が関わってきた多くの子どもたちも、今、充実した人生を送っているのは、幼い頃、周りと比べられることなく、ありのままを受け入れ、育てられた子どもたちに多いと感じています。

ぜひ、子どもが幼いときは肌を合わせ、見守り、その後は行動を見守り、思春期には心を見守り、そして長い目で人生を見守る子育てをされることを願っております。

最後になりましたが、出版にあたり、ご尽力いただきました方々、また丁寧に私の想いを酌み取り、編集にあたってくださった出版社の方、ご協力いただきました全ての方々に、心より感謝申し上げます。

田宮由美

著者プロフィール

田宮 由美(たみや ゆみ)

家庭教育研究家。
家庭教育協会「子育ち親育ち」代表。

保育士、幼稚園教諭、小学校教諭の資格を取得。幼児教室を地元で展開。幼稚園、小学校に勤務。小児病棟への慰問や、子どもの悩みの相談員など、約15年間、多方面から5000名以上の親や子どもに関わる。同時に、さまざまな子育ての悩みを受け、理論通りにはいかない親の葛藤や苦悩を痛感し、子育ての悩みをサポートする活動を個人で始める。その頃、精神科医の明橋大二氏と出会い、理念に感銘を受け師事。子育てハッピーアドバイザー・子育てHATマイスターの資格を取得。

平成27年、日本最大級の総合情報サイトAll About子育てガイドに就任。また、ママパパ向けの人気メディアMAMADAYSをはじめ、子育てや教育のサイト、新聞、雑誌、企業への執筆記事は300本を超える。Yahoo!ニュースやLINE NEWSなどでも多数取り上げられ、深い共感を得ている。テレビ・ラジオにも出演。子どもの自尊感情について研究した執筆論文2本が国立国会図書館に収められている。

自身は、母子支援の職場で勤務する娘と、大学病院で医師として働く息子の母である。

一般社団法人HAT、日本子育て学会、NPO法人日本交流分析協会に所属。

著書に『子どもの能力を決める0歳から9歳までの育て方』(KADOKAWA)。

- 家庭教育協会「子育ち親育ち」ホームページ
  https://kosodate-ai.com/
- 家庭教育協会「子育ち親育ち」Facebook
  https://www.facebook.com/ko.oyasodachi
- 「子育ち親育ち@田宮由美」Twitter
  https://twitter.com/yorisouyumi

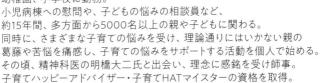

●イラスト　松井 美那枝（まつい みなえ）
●装幀・デザイン　市川 あかね

比べない子育て

令和 3 年（2021） 10 月 15 日　第 1 刷発行

著　者　田宮 由美
発行所　株式会社 1万年堂出版
〒101-0052 東京都千代田区神田小川町2-4-20-5F
電話 03-3518-2126　FAX 03-3518-2127
https://www.10000nen.com/
校　閲　鷗来堂
製　作　1万年堂ライフ
印刷所　中央精版印刷株式会社

 ISBN978-4-86626-070-9 C0037

マンガで分かるHSC解説本

HSCの子育て ハッピーアドバイス

HSC=ひといちばい敏感な子

明橋大二 著　イラスト 太田知子

定価 1,320円（10％税込）
四六判　232ページ
ISBN978-4-86626-034-1

オールカラー

他の子とちょっと違う？ HSCの特徴がこの一冊に

●敏感な子がイキイキと伸びるために親ができること

自分を責める → いいところを見つけてほめるようにする

敏感な子の子育ては、そうでない子の子育てと、違うことがたくさんあります。

HSCの知識を得て、スキルを身につけ、その個性を伸ばすアドバイスが満載です。

（主な内容）

●HSCの特性は、見方を変えれば子どもの長所の表れです

●「甘やかすからわがままになる」というのは間違いです